Muriéndose la sirena (n° 1)

1993

En mémoire de/In memory of Chinorris

photo: Manuel Vason, Tate Modern, Londres/London, 2003

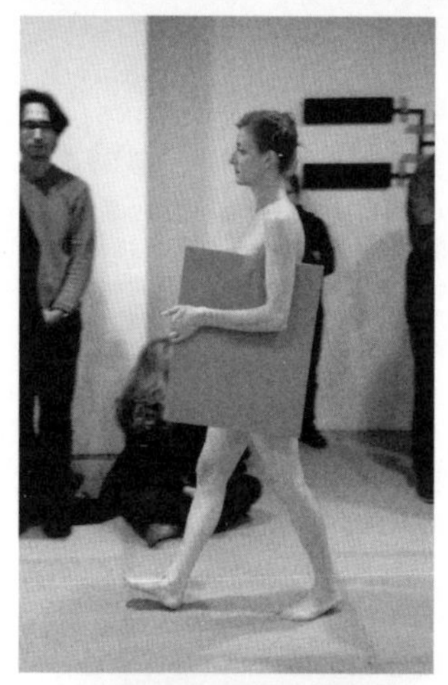

Fatelo con me (n° 2)

1993

Propriétaire distingué/Distinguished proprietor:
DAIKIN AIR CONDITIONERS, Madrid

photo: Bertrand Prevost, Centre Pompidou, Paris, 2003

Sin título I (n° 3)

1993

photo: Isabelle Meister, Centre d'Art Contemporain, Genève/Geneva, 2003

de la vida violenta (n° 4)

1993

photo: Isabelle Meister, Centre d'Art Contemporain, Genève/Geneva, 2003

Eufemia (n° 5)

1993

photo: Manuel Vason, Tate Modern, Londres/London, 2003

¡Ya me gustaría a mí ser pez! (n° 6)

1993

Propriétaire distingué/Distinguished proprietor:
North Wind, Barcelone/Barcelona

photo: Manuel Vason, Tate Modern, Londres/London, 2003

Cosmopolita (n° 7)

1994

Propriétaire distingué/Distinguished proprietor:
Nacho van Aerssen, Madrid/Mexico

photo: Isabelle Meister, Sévélin 36, Lausanne, 1998

Capricho mío (n° 8)

1994

Propriétaire distingué/Distinguished proprietor:
Bernardo Laniado-Romero, New York/Madrid

photo: Hugo Glendinning, Tate Modern, Londres/London, 2003

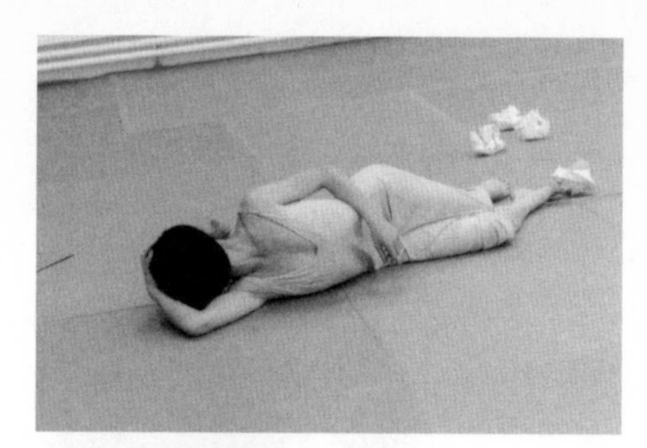

La vaca sueca (nº 9)

1994

En mémoire de/In memory of Peter Brown

photo: Isabelle Meister, Centre d'Art Contemporain, Genève/Geneva, 2003

Hacia dónde volver los ojos (nº 10)

1994

Propriétaire distingué/Distinguished proprietor:
Rafa Sánchez, Madrid

photo: Isabelle Meister, Centre d'Art Contemporain, Genève/Geneva, 2003

Sin título II (nº 11)

1994

Propriétaire distingué/Distinguished proprietor:
Olga Mesa, Madrid

photo: Jaime Gorospe, Madrid, 1994

La próxima vez (nº 12)

1994

Propriétaire distingué/Distinguished proprietor:
Juan Domínguez, Madrid

photo: Jaime Gorospe, Madrid, 1994

Para ti (n° 13)

1994

photo: Isabelle Meister, Théâtre de l'Usine, Genève/Geneva, 1995

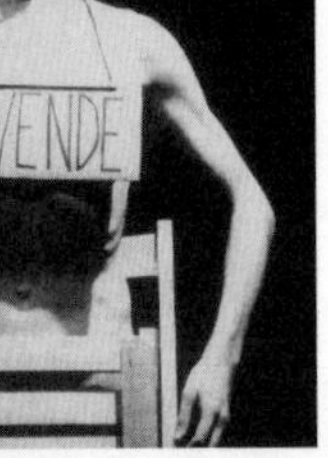

N°14 (n° 14)

1996

Propriétaire distingué/Distinguished proprietor:
LOIS KEIDAN, Londres/London

photo: Pau Ros, ICA, Londres/London, 1998

Numeranda (n° 15)

1996

Propriétaire distingué/Distinguished proprietor:
BLANCA CALVO, Madrid

photo: Isabelle Meister, Centre d'Art Contemporain, Genève/Geneva, 2003

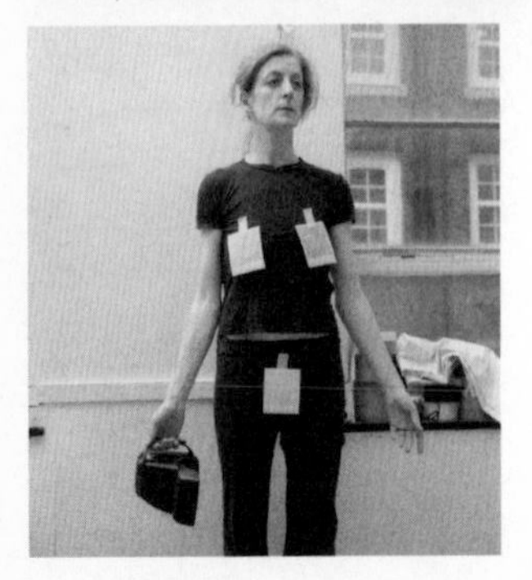

Narcisa (n° 16)

1996

photo: Hugo Glendinning, Artsadmin, Londres/London, 2003

Sin título IV (nº 17)

1997

Propriétaire distingué/Distinguished proprietor:
ISABELLE ROCHAT, Lausanne

photo: Bertrand Prevost, Centre Pompidou, Paris, 2003

Angelita (nº 18)

1997

Propriétaire distingué/
Distinguished proprietor:
MALPELO, Barcelone/Barcelona

photo: Hugo Glendinning,
Tate Modern, Londres/London
2003

19 equilibrios y un largo (nº 19)

1997

Propriétaire distingué/Distinguished proprietor:
MARGA GUERGUÉ, New York

photo: Isabelle Meister, Centre d'Art Contemporain, Genève/Geneva, 2003

Manual de uso (nº 20)

1997

Propriétaire distingué/Distinguished proprietor:
THIERRY SPICHER, Lausanne

photo: Isabelle Meister, Centre d'Art Contemporain, Genève/Geneva, 2003

Poema infinito (nº 21)

1997

Propriétaire distingué/Distinguished proprietor:
Julia y Pedro Nuñez, Madrid

photo: Gilles Jobin, Palacio Velázquez, Museo Reina Sofía, Madrid, 2003

Oh! Compositione (nº 22)

1997

Propriétaire distingué/Distinguished proprietor:
Robyn Archer, Adélaïde/Adelaide

photo: Franko B., Kunstmuseum, Lucerne/Luzern, 1998

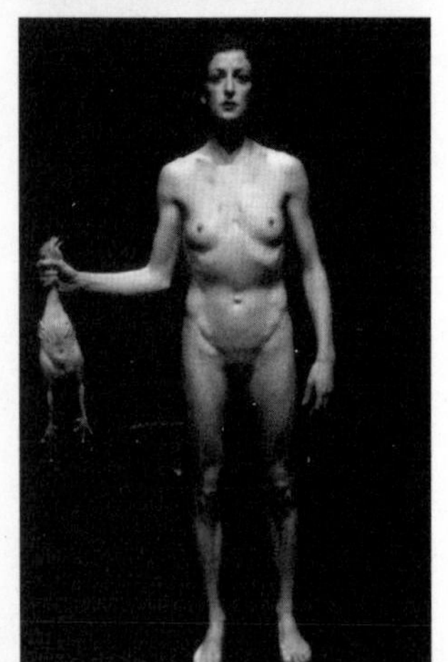

Sin título III (nº 23)

1997

Propriétaire distingué/Distinguished proprietor:
GAG Comunicación, Madrid

photo: Isabelle Meister, Théâtre de l'Usine, Genève/Geneva, 1998

Missunderstanding (nº 24)

1997

Propriétaire distingué/Distinguished proprietor:
North Wind, Barcelone/Barcelona

photo: Manuel Vason, interprétée par/performed by Anna Williams, Birmingham, 2003

Divana (n° 25)

1997

Propriétaire distingué/Distinguished proprietor:
De Hexe Mathilde Monnier, Montpellier

photo: Hugo Glendinning, Artsadmin, Londres/London, 2003

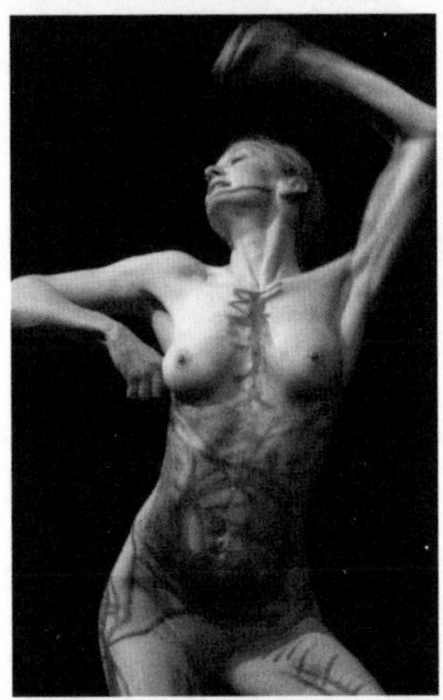

N°26 (n° 26)

1997

Propriétaire distingué/Distinguished proprietor:
Ion Munduate, San Sebastián

photo: Manuel Vason, interprétée par/performed by Anna Williams, Birmingham, 2003

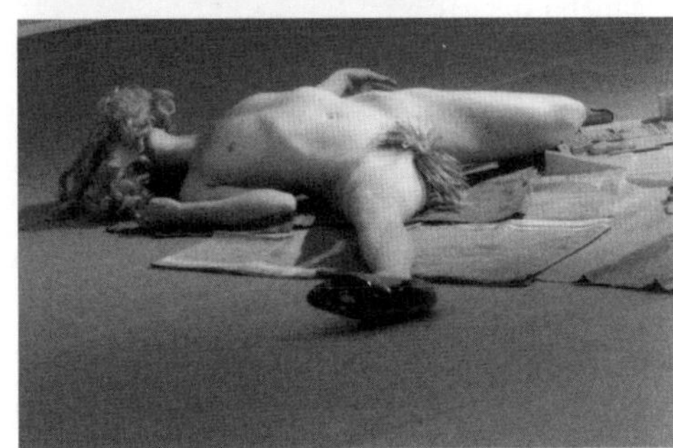

Another Bloody Mary (n° 27)

2000

Propriétaire distingué/Distinguished proprietor:
Franko B. and Lois Keidan, Londres/London

photo: Isabelle Meister, Centre d'Art Contemporain, Genève/Geneva, 2003

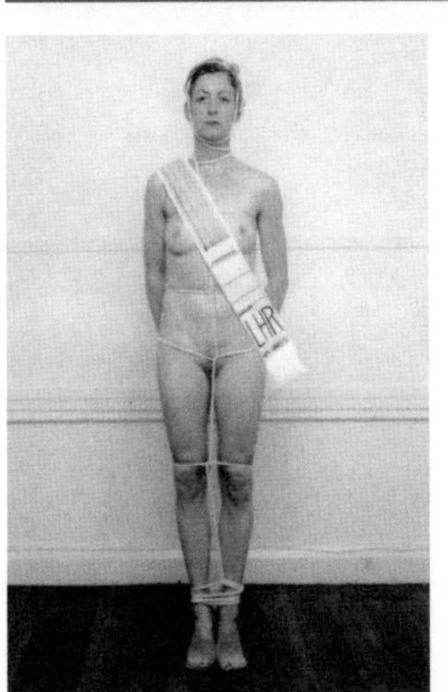

Outsized Baggage (n° 28)

2000

Propriétaire distingué/Distinguished proprietor:
Matthiew Doze, Paris

photo: Manuel Vason, Artsadmin, Londres/London, 2000

Chair 2000 (n° 29)

2000

Propriétaire distingué/Distinguished proprietor:
ARSENIC, Lausanne

photo: Manuel Vason, Tate Modern, Londres/London, 2003

Candida iluminaris (n° 30)

2000

Propriétaire distingué/Distinguished proprietor:
VICTOR RAMOS, Paris

photo: Mario del Curto, Arsenic, Lausanne, 2000

de la Mancha (n° 31)

2000

Propriétaire distingué/Distinguished proprietor:
R/B & JÉRÔME BEL, Paris

photo: Gilles Jobin, Galería Soledad Lorenzo, Madrid, 2002

Zurrutada (n° 32)

2000

Propriétaire distingué/Distinguished proprietor:
ARTELEKU, San Sebastián

photo: Hugo Glendinning, Tate Modern, Londres/London, 2003

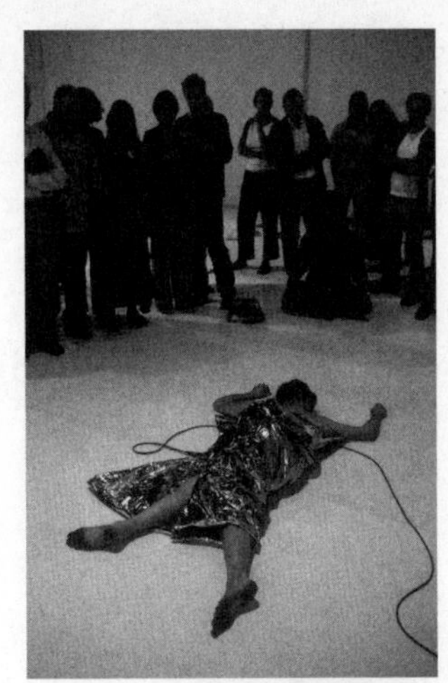

S liquide (n° 33)

2000

Propriétaire distingué/Distinguished proprietor:
Galería Soledad Lorenzo, Madrid

photo: Mario Del Curto, Arsenic, Lausanne, 2000

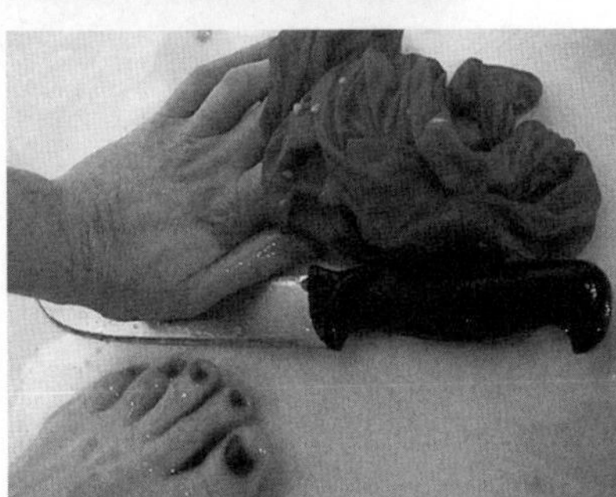

Pa amb tomáquet (n° 34)

2000

Propriétaire distingué/Distinguished proprietor:
Gerald Siegmund, Francfort/Frankfurt

still video: La Ribot, Arsenic, Lausanne, 2000

Page suivante/overleaf:
La Ribot interprétant/performing *Divana* (n° 25), 1997. Photo: Monique Jacotte

La Ribot

merz & centre national de la danse *parcours d artistes*

La Ribot, Polaroids pour/in preparation of *Muriéndose la sirena* (n° 1), 1993

En mémoire
des petites choses

Adrian Heathfield

AU DÉBUT, elle est allongée, dos au public, coiffée d'une perruque blonde hirsute, à demi nue, un simple drap enroulé à partir de la taille : sirène échouée, parcourue parfois d'un léger spasme comme si elle manquait d'air. Il ne se passe pas grand-chose d'autre, mon attention se concentre donc sur le microscopique : la texture de la perruque, synthétique contre peau, l'aspect du dos qu'elle nous présente, la respiration paisible qui gonfle les poumons, la longue ligne de la colonne vertébrale, cette peau mouchetée de taches de rousseur. Et ces petits spasmes irréguliers ; c'est comme regarder un être aimé plonger dans le sommeil, une partie du cerveau qui lutte encore pour rester conscient envoie au corps des tressautements d'éveil momentané. Cette « entrée », ce début, ne souligne rien, ne déclare rien, sinon un être profondément aux limites : présent-absent, présenté-soustrait, nu-vêtu, réel-faux, mort-vivant. La déclaration inaugurale du *Panoramix* de La Ribot, comme tout ce qui sera montré ou dit, prend place dans le sillage de ce tranquille auto-effacement, de ce petit geste au bord de la vie. Un soubresaut de sommeil. Un éveil évanescent.

Comme le langage de celui qui écrit reste *en dehors* de l'événement ! Comme il manque de ce qui se tournerait vers l'intérieur, ferait que la chose, de nouveau, serait fluide et brûlante, toucherait et pèserait ! Et comme l'événement est, lui, signifiant, unique et inoubliable ! Comme il est perdu maintenant ! Tout ce que l'on peut faire, c'est avancer dans cette déchirure, vibrer aux confins de la mémoire. Écrire l'événement dans la conscience de l'échec inhérent à l'écriture, de son insécurité ontologique et mnémonique, mais investi quoi qu'il en soit dans son impossible objet. C'est la révocation de la vie de l'événement opérée par le temps, le retard du langage même, qui permet le rappel de l'événement dans l'écriture et le fait vibrer.

Fragment. Plus tard. Maintenant, elle est nue et sa démarche capte tranquillement le public à travers l'espace. Elle porte un panneau de carton où est écrit « *À vendre* » et se glisse dans une chaise pliante en bois comme dans une robe. Tout est discret, comme murmuré, mais pas délibérément neutre : elle est simplement très présente, aussi consciente de nous que nous le sommes d'elle. Elle est debout contre le mur, le bras doucement levé, une esquisse de flamenco. Puis le lent claquement de la chaise commence, qui s'ouvre et se ferme dans un grincement insistant du bois. La chaise est au niveau de la taille, de sorte que la suggestion sexuelle surgit immédiatement. La performance est une répétition dilatée de cette simple action qui s'accélère peu à peu ; son expression reste immuable mais son corps glisse contre le mur en une longue chute jusqu'à ce qu'elle soit couchée et fait claquer l'ouverture et la fermeture de la chaise avec une rapidité mécanique et dépassionnée. Ouvrir et fermer. Ouvrir, fermer. L'obscénité qui s'insinue dans le vide. C'est juste cette action ; ou bien c'est une danse avec des castagnettes, une baise sur un lit qui craque, un grincement de dents, un martèlement. Il y a quelque chose d'inévitable dans le battement de la chaise, qui se détache de l'intelligence tranquille de sa passivité. L'acte parle d'une sujétion dans l'ouverture. Il est vigilant.

La Ribot a donné à la longue performance dont ce fragment fait partie le nom de *Panoramix*, nom qui rassemble deux mots contradictoires. L'existence au sein du paradoxe est la signature de ce travail. *Panoramix* est une œuvre d'un seul tenant où, pendant trois heures et demie environ, s'égrènent trente-quatre pièces beaucoup plus petites (*Piezas distinguidas*) dont certaines ne durent que quelques minutes, réalisées sur une période de dix ans. C'est, en un sens, le travail d'une vie, la réunion/réminiscence d'une série dispersée d'événements, l'assemblage en patchwork de pièces issues de temps et de lieux séparés. En nommant ce travail, La Ribot marque son action comme contradiction signifiante. Un panorama est un singulier, tandis qu'un *mix* est indéniablement pluriel. Une vision panoramique capte tout ce qu'elle parcourt sans rupture de la continuité visuelle ; elle aspire à une totalité globalisante. Un *mix* est un amas disjoint d'objets, ou bien une refonte, une répétition de travaux passés, reconstitués ou réalisés différemment. Un panorama est édifiant et donne pouvoir à son destinataire. Un *mix* est dénué de cette cohérence, de cette clarté, de cette intégrité : il perturbe, rend confus et souille. Les panoramas sont vus de loin, tandis qu'il est facile de s'emmêler ou de se perdre dans le mélange d'un *mix*.

J'ai vu l'ensemble du *Panoramix* de La Ribot, mais sans pouvoir me tenir à distance. Quelque chose dans cette œuvre m'a fait me tourner sur moi-même, et je me retrouve avec ces sensations irrésolues, ces tessons de pensées.

Le site même de la galerie est transformé en lieu de fortune où les objets sont dénués de toute vénération institutionnelle mais pleins d'une charge personnelle. Vêtements et accessoires sont scotchés aux murs avec du gros ruban adhésif brun. Comme l'exposition éphémère de vestiges d'une vie, vaguement mis en place, trop disqualifiés pour être « correctement » accrochés. Chaque objet est fonctionnel mais ici superflu, trivial, semblant pourtant porter une riche trace de mémoire, une histoire humaine d'utilisation et de ré-utilisation. Chaque objet est personnel, résultat d'un choix singulier ; du moins ainsi apparaît-il dans le contexte de ce déplacement. Et au cours de l'œuvre, chaque objet est sujet à un emploi « impropre », recyclé, mis à l'essai dans l'action et dans son rapport à la chair de La Ribot.

Nous nous accoutumons à cette transformation de notre attention. La présence de La Ribot, les conditions générales de son exposition, en retrait mais prolongée, créent une économie du regard différente de celle que l'on trouve normalement dans une galerie ou un théâtre. La circulation traditionnelle des corps qui s'effleurent et se regardent dans un espace de galerie est suspendue : les gens semblent certes arriver dans cette intention, mais deviennent bientôt la proie d'une attente pétrifiée, restent souvent durant un temps très long, certains incapables de partir jusqu'au bout de la longue performance. Les regards sont vastes, généreux et dispersés, englobent tout, comme si les gens n'étaient pas ici uniquement pour voir, mais aussi pour être avec La Ribot. Émerge un sentiment de trop voir, de participer à une veille profane. La galerie est maintenant un océan de regards de différentes durées, tous sanctionnés par l'œuvre elle-même : détourner les yeux, regarder ailleurs ou vers le bas, regarder les autres spectateurs, regarder leurs regards, leurs mouvements, leurs réactions. Et dans cette arène manifestement sociale, chacun de ces regards sait qu'il est en même temps regardé. Et puis, bien sûr, il y a les regards fixés sur La Ribot, nue et offerte à un examen minutieux. Elle rend vos regards en prenant acte de votre présence, elle vous voit en train de la voir. Ce regard réciproque est dénué du voyeurisme du regard théâtral, où un spectateur statique en position de force observe de la salle obscure l'objet mobile qu'il a choisi, pris dans un cadre de lumière. Ici, au contraire, nous sommes nous-mêmes observés. Nous ne pouvons nous abstraire de cette scène de surveillance généralisée pour trouver une place à l'écart d'où nous pourrions épier à notre aise sans être vus. Dans ces conditions de regard totalement dépouillées et ouvertes, aucune révélation de profondeurs restées inaperçues. Rien n'est caché derrière ces surfaces, attendant d'être découvert. Et pourtant, l'exhibition et la transformation continuent de se produire comme formes fantomatiques, insistantes et évidées. Dans cette scène d'ultra-exposition, l'observation semble perdre son pouvoir de pénétration ; elle n'est plus associée à la révélation d'une vérité, à la découverte d'une présence éternelle. Il n'y a rien d'autre à voir que ce que l'on voit.

Un peu plus tard. Elle dispose soigneusement sur le sol des vêtements et des morceaux de tissu rouge. Chaque rouge est d'une nuance différente. De toute évidence, leur disposition précise obéit à une logique, comme si chaque objet était personnellement impliqué d'une façon ou d'une autre dans la scène qu'il participe à créer. Tout cela commence à ressembler à une grosse flaque de sang. La Ribot est nue, en talons hauts vert vif qui apparaissent soudain plus incongrus encore au milieu de cette étendue de rouge. Elle coiffe une perruque blonde en désordre, fixe à son pubis un objet équivalent, puis pivote sur un talon et, déstabilisée, entame une chute d'une infinie lenteur qui l'amène, déployée, sur le sol. Sur le dos, le corps arqué, le visage gommé par la masse emmêlée des cheveux, avec comme un fleuve rouge qui semble sortir d'entre ses jambes. Mais dans cet événement le corps trouve le sang. Nous restons longtemps captivés par cette image, regardant la lente palpitation de son souffle dans cette scène de féminité disloquée. C'est un peu comme lorsque des enfants jouent à se déguiser, avec ce décor de fortune et cette façon de faire le mort, mais un jeu qui a mal tourné. C'est aussi un peu comme *Étant donnés* de Duchamp mais dans un univers privé, moins anonyme, moins furtif, moins mythique. Cela ressemble plus à une photo de médecin légiste sur la scène d'un crime, sauf que tout est faux et totalement vivant. Peut-être devrais-je ne pas du tout penser à une image : c'est un sentiment extériorisé, manifesté en rapport avec des objets et par conséquent re-vécu. Une vie vécue dans ses séquelles, vidée de son sang, brisée, débraillée, mais toujours soucieuse de dissimulation et qui respire toujours. Les paroles d'une chanson se surimposent : « *...but my eyes still see* », et, un peu plus tard, « *I was dreaming of the past, and my heart was beating fast, I began to loose control, I began to loose control* [1]... ». Et toujours, dans chaque image, une intensité extrême maintenue à distance.

Dans de tels moments, il est clair que *Panoramix* est un travail de mémoire, mais pas uniquement dans le sens où toute performance travaille sur la mémoire : la réitération physique d'actes accomplis précédemment, ou « un comportement agi deux fois ». Ce que j'entends par là, c'est que *Panoramix* rend évident l'effort humain de réminiscence, la tentative, toute aussi nécessaire que vouée à l'échec, de rejouer le passé dans le présent, et cette répétition fait éclater dans toute sa nudité l'aspiration sans espoir de faire un avec le temps.

La danse de La Ribot, comme celles de ses contemporains Jérôme Bel, Xavier Le Roy, Goat Island et Jonathan Burrows, se situe à un nouveau croisement dans la pratique de la performance. La génération précédente de chorégraphes expérimentaux, du théâtre dansé de Pina Bausch au théâtre physique de Lloyd Newson et de DV8, avait fait des structures et des formes de la pratique théâtrale la source vitale d'un bond interdisciplinaire. Dans le contexte hyperconnectif de la culture contemporaine, la pratique transartistique, y compris dans les arts du mouvement, est aujourd'hui beaucoup plus foisonnante, ambitieuse, intensive et éclectique dans ses affiliations et ses emprunts. L'œuvre de La Ribot illustre sans fracas quelque chose de cette ouverture, tout en reprenant la tradition de la performance dans un cadre qui est celui des arts plastiques. Elle s'inspire de l'esthétique de l'art minimaliste et conceptuel ; l'action est clairement située dans un espace et un temps « réels », souvent dans des galeries et avec des éléments propres à l'installation. Mais malgré son apparence, ses qualités de non-danse, je tiens à souligner le lien avec des pratiques chorégraphiques plus anciennes. Ce n'est pas uniquement parce que l'identité de La Ribot est indéniablement marquée par son passé de danseuse, mais parce que la question de cette filiation débouche sur des réflexions cruciales sur la nature de son travail et sa portée esthétique et culturelle, voire sur la nature même du mouvement sur la scène contemporaine.

En réaction contre le formalisme vide de la danse, Bausch affirme la danse comme ressort du mouvement. La question inaugurale de son travail n'est donc pas comment le corps bouge, mais pourquoi ? Le théâtre dansé, lui, parti à la recherche des moteurs de l'expression physique, dans le contexte des politiques personnelles et sexuelles des années 1980 et 1990, a trouvé sa voie comme langage incarné du désir. Son esthétique réaffirme l'histoire et l'identité personnelle comme contenu indispensable ; elle fait voler en éclats les postures répressives de la grâce et du maintien, renverse les hiérarchies du pouvoir inscrites dans les rôles et les relations, joue sur le corps du danseur et sur les nerfs du public avec des entreprises risquées chargées d'énergie, et libère le signifié par une poésie sensuelle. Dans cette démarche, l'expression physique prend le pas sur le verbe, le corps *in extremis* devient le premier instrument de la danse et du *physical-theatre* et le site d'une critique relationnelle et culturelle. C'est un travail qui met à rude épreuve les limites psychiques et physiques, trouvant de nouvelles perspectives et de nouvelles articulations de l'identité sexuelle et de la sexualité dans les rapports humains. L'extase et l'agonie y sont souvent imbriquées faisant écho aux résonances personnelles et culturelles de l'interdépendance entre présence et absence, masculin et féminin, sexualité et mort, accomplissement et perte. En tant que tels, le théâtre dansé et le théâtre physique ont articulé une certaine blessure dans la nature de la relation sexuelle (et sociale). En faisant du corps le moyen privilégié d'accéder à cette blessure et de l'exprimer, ils l'ont aussi offert comme instrument vital d'une guérison ou du moins d'une résistance, par l'exercice du mouvement luimême. C'est peut-être la raison pour laquelle la répétition de la chute est devenue une figure dominante de la chorégraphie du théâtre dansé : confiant dans la relation, dans le désir, et dans la chair de l'autre, le corps emblématique du théâtre dansé chute encore et encore, tandis que l'autre violemment l'ignore. L'autre ne peut pas rattraper cette chute.

Le travail de La Ribot porte une conscience aiguë de cet héritage et de son dispositif conceptuel mais l'articule différemment. Le cadre théâtral est ici remplacé par le cercle des spectateurs de galerie, le frontal cède le pas à l'exposition panoramique, et la division binaire entre spectateur et danseur se brouille. Le spectateur est libéré de l'immobilité d'une place fixe et peut choisir la fluidité d'une déambulation. Ce décalage esthétique par rapport au plan théâtral amène adroitement le spectateur dans un champ d'implication sociale et sensorielle sans avoir besoin de l'énergie séparatrice des feux de la rampe, laquelle était à l'inverse un élément essentiel de l'esthétique agitée du théâtre dansé et du théâtre physique. La personnalité de la Ribot et ce qui la fait bouger sont également très présents, à la fois dans le contenu de son travail et dans sa forme. L'œuvre esquive toutefois l'impact viscéral du théâtre physique et l'affirmation claironnante du moi, au profit d'un être plus discret mais tout aussi dérangeant. Son terrain est celui d'une danse qui se dissout dans l'action, du mouvement de l'immobilité, et de la matérialité exposée de la chair. Ce travail met lui aussi les limites à l'épreuve, mais ces limites sont celles du sujet performant lui-même : la constitution somatique, affective et psychologique de son moi. Ce que La Ribot partage avec Bausch, c'est l'importance accordée au rapport entre le corps féminin, la mémoire et le temps. Mais dans les performances en solo de La Ribot, la blessure n'est pas située dans un rapport ; elle est au centre de l'expérience de la subjectivité incarnée. Elle marque l'incapacité phénoménologique de son corps à se constituer comme corps circonscrit par des frontières tangibles garantes de son intégrité. Ici, le rapport est entre le moi et la mémoire de son vécu, entre le moi et le corps social qu'il rencontre dans ses performances. Mettant toujours en scène des actes singuliers de constitution de soi, La Ribot représente la blessure du temps dans la conscience, dont l'expérience fondatrice est à la fois constitution et perte. Dans cette méditation sur le rapport entre le temps et un corps vécu singulier, ce qui fait et défini le mouvement est interrogé avec insistance.

Un autre fragment : elle se met dans un coin, nue une fois de plus, et se tient debout sur une chaise pliante appuyée contre un mur. Elle est pliée en deux, comme pourrait l'être la chaise. Son image n'est plus qu'un dos. Elle a pris un micro dont commence à provenir le son de sanglots légers mais insistants. Après toute cette exposition, arrive l'étrange paradoxe de présentation et de refus, d'image sans image, de voix sans paroles. Tout cela est intensément cru et intime, simultanément expulsé dans la sphère publique et repris. Je commence à percevoir l'affinité avec la chaise pliante, la plus discrète qui soit, un objet, comme La Ribot, fait d'extension et de rétraction. J'écoute le son amplifié des sanglots légers. Ils proviennent d'un endroit lointain qui est aussi ici dans la salle. Ils se réverbèrent jusqu'en moi au travers de l'image vierge. Comme si pour accéder à la douleur il fallait se retourner, se plier en deux, effacer son propre profil. Comme si cette condition de douleur semi-présente, de corps féminin donné à voir comme ce qui ne peut pas être, était la condition qui sous-tend l'œuvre. Comme pour affirmer que dans tous ces jeux de mémoire, ces sentiments rendus calmement mais avec une grande émotion dans l'image et dans l'action, il restait un lieu où l'être et le ressenti restent à l'écart, non-représentables dans cette arène, à l'abri du regard.

Les *Piezas distinguidas* originales étaient chacune vendues à un propriétaire distingué dans un geste qui parodiait le système de mécénat et de propriété du marché de l'art. Que peut bien signifier le concept de propriété dans le champ de la performance, où l'œuvre est répétable mais ne peut être ni exactement reproduite ni l'objet d'un mécanisme d'échange capitaliste ? Le geste même pose cette question, en répondant en apparence aux termes de l'accès au marché tout en les vidant de leur sens. *Panoramix* est une autre mise en circulation de ces œuvres : le sens de la dédicace à un tiers de chaque pièce est ce qui reste du geste, mais ces pièces sont désormais re-programmées comme des dons non payables en retour, offerts au public rassemblé.

Bien qu'elle donne l'essentiel de la performance dévêtue ou presque, La Ribot n'est pas nue. La nudité est une façon de porter sa peau comme signe du moi dévoilé ; elle est baignée d'érotisme et des projections d'une identité sexuelle. Le terme de déshabillée pourrait mieux convenir, mais c'est encore trop une proclamation ; il n'y a aucune affirmation dans cette façon de se défaire des habits de la culture. Plus précisément, l'état auquel La Ribot retourne constamment est un état de dépouillement. Elle est simplement dépouillée : sans prétention, à l'aise dans sa peau, consciente mais sans excès. Elle se contente de respirer, bouger, voir. C'est un dépouillement neutre, intime mais impersonnel, qui reste indifférent aux projections érotiques, qui parle très peu en soi et de soi mais permet aux actes et aux objets de parler en rapport à lui. Si dans chaque action de l'œuvre La Ribot endosse quelque chose, il ne s'agit pas d'un costume, à peine même d'un vêtement : vêtements et accessoires sont placés comme des objets contre et sur le terrain de sa peau. Leur incongruité, leur désir de sens et de possession de son corps, est exposé. C'est peut-être pour cela que, même si elle passe une bonne partie de la performance à endosser des vêtements et à s'en défaire, je ne peux pas dire qu'elle s'est déshabillée, parce qu'il n'y a aucune excitation de l'ordre de la révélation, aucun dévoilement. Sa peau dans cette œuvre est bien évidemment une peau féminine, et, comme toutes les peaux, chargée des idéologies du regard culturel. Mais cette façon de la mettre à nu, de la donner dans une sorte de renoncement à soi, permet de l'utiliser comme un site ou nous voyons plus clairement, au-delà de notre façon habituelle de voir, le rapport entre un corps phénoménologique et sa transformation en objet, sa conversion culturelle, mnémonique et idéologique.

Autre fragment : elle boit à la bouteille un litre d'eau, la tête rejetée en arrière comme si elle mimait le geste. Rien ne bouge sauf sa gorge qui se contracte rythmiquement quant elle déglutit pour faire passer l'eau dans son corps sans faire de pause. Relais des yeux autour d'elle. Le niveau s'abaisse lentement : l'eau disparaît en elle. Tandis qu'elle boit, sa posture se modifie imperceptiblement, elle perd sa tension et sa verticalité, entame un lent affaissement. C'est une image très directe, comme un tour de magie dont le mécanisme serait exposé. Dans ce long mouvement, qui dure exactement le temps de la chanson qui l'accompagne, de nombreuses résonances possibles parcourent ce simple geste, menaçant de s'imposer mais sans le faire. Il y a là quelque chose qui s'apparente à un boire masculin, ou à une expérience scientifique, et, outre l'évocation d'un tour de passe-passe ou d'une mesure, un sentiment de brutalité et de torture, de masochisme, de privation et d'assouvissement, d'avidité. Ou peut-être est-ce la collision de toutes ces images, l'action de l'une sur l'autre. Le liquide entre en elle et lui impose son poids et sa gravité.

Mais surtout ce vide, qui est tout sauf vide, cette immobilité qui bouge, cette condition d'attente, est une sorte d'attention à ce qui est imminent. Cela pourra venir à nous dans le cours de l'événement, prendre forme et devenir signifiant, ou bien se retirer et résister à notre tentative présomptueuse de le connaître, restant peut-être fuyant, intriguant et non dit, ou bien imminent mais jamais matérialisé. Ce qui est certain, toutefois, c'est que les conditions d'attention que cette performance établit sont précisément accordées à son mouvement. La performance respecte l'imminent.

De tous les paradoxes que le travail de La Ribot habite, son agencement contradictoire du temps est le plus obsédant et le plus chargé émotionnellement. *Panoramix* opère une mutation de notre perception habituelle du temps. Étrangères aux temps normaux de la performance, les pièces individuelles qui constituent *Panoramix* semblent trop fragmentaires et légères pour se présenter comme de véritables performances, tandis que la longue œuvre que constitue leur somme est au contraire trop longue pour une absorption aisée. Dans ce mélange du trop court et du trop long, La Ribot signale aux spectateurs qu'ils sont la proie d'une temporalité impossible — fuyante et durable — un temps privé de son temps propre. Tandis que le spectateur pénètre dans l'univers sensoriel dense et lent de cette œuvre, le temps chronologique glisse dans le champ incommensurable du temps sensoriel. Les choses prennent leur temps, et le temps lui-même devient le produit du corps, des sens et des perceptions, plutôt qu'une structure imposée de l'extérieur. Ce temps-là n'est pas perçu comme l'accumulation progressive du temps de la culture, mais un temps qui est toujours divisé et sujet à des flux et des vitesses différentes. Temps hors du temps. Le spectateur devient témoin.

Mais qu'attend-elle lorsque, dans l'un de ces milliers de moments, elle se tourne pour lancer un regard ailleurs, s'arrête pour réfléchir, ou se glisse à travers l'espace dans un espace enfoui profondément dans quelques pensées ineffables ? Elle attend que l'événement se soit produit, que le temps de l'action/image ait pris place. Elle attend tout cela parce qu'elle sait que cela la dépasse. Elle déclenche l'événement et le catalyse, mais elle en est aussi le centre perpétuellement déplacé.

La générosité de cette œuvre, son esthétique minimale et l'exposition chorégraphique d'actions et de relations conduisent à voir aussi ses spectateurs comme des acteurs : lors de la deuxième performance de *Panoramix* que j'ai vue à Genève, la femme qui s'obstine à lire tranquillement un livre pendant une partie du spectacle et semble en quelque sorte redoubler les affirmations d'absence-présence de La Ribot, son refus insistant, éminemment visible, de regarder, amplifiant à la perfection le sujet de l'œuvre. Même si la soirée est douce, le type qui arpente la galerie torse nu indifférent à son incongruité, son énorme brioche de buveur de bière entretenant un étrange dialogue avec la nudité de La Ribot ; le minutage parfait d'un jeune couple d'amoureux qui s'allongent tendrement aussi parfaitement qu'inconsciemment à l'unisson avec une lente chute de La Ribot. Mille autre fragments de petits gestes, regards, relations qui sont soudain annoncés comme présentation, comme anomalie signifiante, comme méritant un examen à la lumière de ce conditionnement esthétique. Insertions, échos de performance dans la sphère sociale.

Images équarries dans la meurtrissure, si paisiblement ordonnancées.

Qu'est-ce qui est récurrent dans cette œuvre longue et ample ? Certaines figures et figurations. La mesure d'un corps de femme, son entrave, son devenir objet. La circulation de la vie mnémonique des objets dans son champ sensoriel. L'impératif pour ce corps d'être montré et l'impossibilité de sa présence pleine et entière. La démarche bancale d'une femme qui a cassé son talon. La sensation d'être habité tout au long de la lente, lente chute de ce corps. Le fait que nous vivons avec ce corps. Son immobilité qui est néanmoins mouvement. Et tout le long : la permanence calme d'une vie, ici, dépouillée, devant nous.

Peu avant la fin. Elle ouvre une couverture métallisée ; celle qu'utilisent les coureurs du marathon lorsqu'ils franchissent la ligne. Après l'endurance, la chaleur, qu'offre le plus fragile des objets, doré et très mince. Elle s'en enveloppe maladroitement — ambivalente envers son caractère protecteur — s'allonge et enfouit le micro dans un pli du tissu non loin de son ventre. Nous nous asseyons et écoutons le doux bruissement du tissu, une seconde peau, qui se soulève et s'abaisse au rythme de sa respiration. Rien de plus. Un paysage sonore émanant d'un micro-geste. Un monde est né. Nous vivons à l'intérieur du long moment, repos incomplet, confort partiel. Cela dure une vie.

Traduit de l'anglais par Catherine Delaruelle

1. « ...mais mes yeux voient encore », « Je rêvais du passé, et mon cœur battait vite, j'ai commencé à perdre le contrôle, j'ai commencé à perdre le contrôle... », extrait de la chanson *Jealous Guy* de John Lennon.

In Memory of Little Things

Adrian Heathfield

AT THE START she is lying back-facing in a tousled blonde wig, half-bare, a sheet simply draped from her waist down; she is a washed-up mermaid, twitching occasionally as if straining for air. Nothing much happens but this, and so I slowly slide into a micro-scale attention: the texture of her wig, synthetic against skin, the look of her back presented, the calm breath expanding in her lungs, her long spine, that freckled skin. And those small irregular spasms: like watching a loved one tumble into sleep, some part of their brain still fighting to remain conscious, jolting the body into momentary awakened states. This "entrance" and beginning insists on and states nothing except a thoroughly liminal being: there-not there, presented-withdrawn, bare-adorned, real-fake, alive-dead. The inaugural statement of La Ribot's *Panoramix*; as if all that will be shown or said, takes place in the wake of this quiet self-cancelling, this little gesture at the edge of life. A jolt of sleep. A fleeting awakening.

How *outside* the writer's language is in relation to the event; how lacking in that which would turn inside, make the thing flow and burn, touch and weigh again. How utterly significant, unique and unforgettable is the event. How lost it is now. All that one can do is proceed inside this tear, vibrate at the borders of memory. To write the event conscious of writing's internal failure, its mnemonic and ontological insecurity, but nonetheless invested in its impossible object. It is the annulment of the life of the event by time, and the belatedness of language itself, that makes the event's recall in writing vibrant and possible.

Fragment. Later. She is bare now and her walk quietly draws the audience across the space. She dons a cardboard sign that says "For sale" and slips into a fold-away wooden chair as if it were a dress. It's all low-key, understated, but not purposefully blank: she is simply very there, as much aware of us as we are of her. She is up against the wall, arm gently raised, a hint of flamenco. Then the slow flap of the chair begins, opening and closing with an insistent wooden squeak. The chair rests around her middle, so the sexual suggestion is immediately present. The performance is an extended repetition of this simple action, gradually speeding up, her expression unchanging, but her body sliding down the wall in a long slow fall until she is flat and rattling the chair open and shut with a rapid mechanistic dispassion. Opening and closing. Opening and closing. Obscenity insinuated within emptiness. It is just the bald action; or it is a dance with castanets, a fuck on a squeaking bed, a gnashing of teeth, a hammering. There is something inevitable in the beat of the chair, cut against the quiet intelligence of her passivity. The act speaks of a subjection in opening. It is watchful.

La Ribot calls the long performance, of which this fragment is a part, *Panoramix*; a name that brings together two contradictory words. The relay of living within paradox is the signature of this work. *Panoramix* is a single durational work lasting around three and a half hours that brings together thirty-four much smaller works (*Piezas distinguidas*) some as short as a few minutes, all made over a period of ten years. It's a kind of life work, a re-collection of a dispersed series of events; a sewn together patchwork of pieces from discrete places and times. In naming the work, La Ribot marks her action of re-collection as a meaningful contradiction. A panorama is singular, whilst a mix is irrefutably plural. A panoramic view takes in all that it surveys without a break in visual continuity; it aspires to a comprehensive totality. A mix is a broken-up jumble of things, or else already a second, a repetition of a previous work, re-constituted or done differently. A panorama is edifying and bestows power on its recipient. A mix has no such coherence, clarity and integrity: it disrupts, confuses and sullies. Panoramas are seen from a distance, whereas it's easy to get mixed-up or lost in the mix of a mix.

I saw the whole of La Ribot's *Panoramix*, but I couldn't stay separate. Something about it turned me round and round, and so I am left with these unresolved senses and splinters of thought.

The site of the gallery is itself transformed into a makeshift place whose objects lack institutional veneration, but are full of personal charge. Clothes and accessories are stuck against the gallery walls with packing tape; like some temporary exhibit of remainders of a life sketched into place, too disqualified to be "properly" hung. Each object is functional but redundant here — trashy — but seems nonetheless to carry its own rich memory trace, its human history of use and re-use. Each object is particular, the result of an idiosyncratic choice, or so it seems in this context of displacement. And across the work, each object is subject to "inappropriate" use, to recycling, to testing through action and its relation to her flesh.

We become accustomed to the transformation of our attention. Her presence and the general conditions of subdued but extended exposure lead to a different economy of looking to those that we would normally find in either the gallery or the theatre. The traditional flow of grazing and glancing bodies through the gallery is held up: people seem to arrive with some such intention, then quickly fall prey to a transfixed waiting, mostly staying for prolonged periods, some unable to leave throughout the long duration. The looking is very inclusive, generous and dispersed; as if people are here not just to see, but to *be with* La Ribot. There is a feeling of over-seeing, of a secular vigil. The gallery is now a sea of looks of different durations, all of which this work has sanctioned: looking away, out or down, looking at the other spectators, their looks, moves and responses. And in this openly social arena each of these looks knows that it is simultaneously being looked at. Then, of course, there is looking at La Ribot, who is bare and has opened herself to minute scrutiny. She looks back at you like you are really there; she sees you seeing her. This reciprocal gaze lacks the voyeurism of theatrical looking, where the static and privileged spectator peers from the darkened auditorium at his mobile but chosen object caught in a scene of light. But here, we too are the subject of scrutiny. We are unable to separate ourselves from this encompassing scene of surveillance; unable to find a place of safety from which we could spy unseen and at will. In these utterly bare and open conditions of seeing, there are no revelations of previously unseen depths. Nothing is hidden behind these surfaces, waiting to be found. And yet showing and transformation still take place, as insistent, evacuated and ghostly forms. In this scene of ultra-exposure, it seems that scrutiny has lost its penetrative force; it is no longer associated with the revelation of truth or the discovery of an abiding presence. What we see is what we get.

Some time later. She is carefully laying out pieces of red cloth and clothing on the floor. Each red is a different shade. Clearly there is a logic to their relation as they are precisely placed, as if each object is personally implicated in some way in the scene it is coming to constitute. The whole thing starts to look like a big puddle of spilt blood. She is bare in bright green heels which suddenly appear even more incongruous in contrast with the plane of red in front of her. She puts on a scruffy blonde wig and attaches a pubic equivalent, then turns over on one heel so that she is off kilter, and takes a slow, slow fall until she is splayed across the floor. Her body is arched back, her face extinguished by the smudge of hair, the red river issuing, it seems, from between her legs. But in this event the body finds the blood. We stay for a long while in the grip of this image, watching the slow rise and fall of her breath inside this shattered feminine scene. It's a little like a kid's game of dress-up with its makeshift scenery and playing dead, but the game has gone seriously wrong. It's a little like Duchamp's *Etant donnés*, but domestic and less anonymous, less furtive, less mythic. It's more like a forensic still from a crime scene only very fake and very much alive. Perhaps I shouldn't think of it as an image at all: it's a feeling externalised, manifested in relation to objects and consequently re-lived. A life lived in the aftermath, bled out and empty, broken, dishevelled, but still interested in dissimulation, still breathing. The lyrics of a song are overlaid: "but my eyes still see," and a little later, "I was dreaming of the past, and my heart was beating fast, I began to lose control, I began to lose control ..." Always, in every image, utter intensity held at a distance.

At times like these, it is apparent that *Panoramix* is a work of memory, but not simply in the sense that all performance is memory work: the physical reiteration of previously enacted acts, or "twice behaved behaviour." What I mean by this is that *Panoramix* makes evident the human labour of remembering — the utterly necessary but always failing attempt to re-stage the past in the present — and by this re-staging lays bare the hopeless aspiration of being at one with time.

La Ribot's dance takes place, like the dances of her contemporaries Jérôme Bel, Xavier Le Roy, Goat Island and Jonathan Burrows, at a new intersection of performance practice. The previous generation of experimental choreographers from the dance-theatre of Pina Bausch through to the physical theatre of Lloyd Newson and DV8, took the structures and forms of theatrical practice as a vital source of an interdisciplinary leap. In the hyper-connective context of contemporary culture, cross art-form practice, including the work of movement artists, is now much more promiscuous, ambitious, intensive and eclectic in its affiliations and borrowings. La Ribot's *œuvre* quietly exemplifies something of this openness, whilst focusing its extension towards traditions of performance art within a visual arts frame. The work draws on the aesthetics of conceptual and minimalist art, emphasises action in "real" space and time, and is often located within galleries and complemented by aspects of installation. But despite its appearances, its un-dance-like qualities, I want to hold on to this link with older choreographic practices. This is not simply because La Ribot's identity is undeniably marked by her history as a dancer; but because the question of this lineage opens up some vital thoughts on the nature of her work and its aesthetic and cultural significance; perhaps even on the nature of movement itself within the contemporary.

Bausch's response to the empty formalism of the dance against which she turned was to assert through dance the drive to move. The inaugural question of this work was not how does the body move, but why? Dance-theatre went in search of the drives of physical expression, and against the context of the personal and sexual politics of the nineteen-eighties and nineties, found its *métier* as an embodied language of desire. Its aesthetics re-asserted the performer's personal history and identity as an indispensable *content*, exploded the repressive postures of grace and poise, overturned hierarchies of power in role and relation, stretched the performer's body and the audience's nerves through highly energised risk-taking, and generously liberated meaning through a sensual poetry. Physical expression was privileged above the verbal in these moves and the body *in extremis* became dance and physical-theatre's primary instrument and site of relational and cultural critique. The work pressed hard against psychic and physical limits, finding insights and new means of articulating the dynamics of gender, sex and sexuality in human relations. Ecstasy and agony were often intertwined in this work as a means to relay the personal and cultural resonances of the interdependence of presence and absence, masculinity and femininity, sex and death, attainment and loss. As such, dance-theatre and physical theatre articulated a certain wounding in the nature of sexual (and social) relation. Positioning the performing body as the primary means through which to access and articulate this wounding, they also offered it up as a vital means of possible cure or at least resistance, through the exertion of movement itself. Perhaps this is why the repetition of falling became such a dominant figuration in the choreography of dance-theatre: trusting in relation, in the will and flesh of others, dance-theatre's emblematic body fell again and again, subject to the violent disregard of the other. The other couldn't catch that fall.

La Ribot's work is intensely conscious of this heritage and its conceptual arrangements, but articulates them somewhat differently. For here the theatrical frame is replaced by the round of gallery spectatorship; the frontal cedes to panoramic exposure, and the binary division of the performer-spectator relation is dispersed. The spectator is liberated from a static place by the choice and fluidity of promenade. This aesthetic side-step of the theatrical plane deftly brings the spectator into a field of social and sensory engagement without need for the energised railing against the cleavage of the proscenium, which was so much a part of dance-theatre's and physical theatre's agitated aesthetics. La Ribot's persona and her drive to move is also highly present in relation to both the work's content and its form. However, the work eschews physical theatre's high-impact viscerality and the forceful assertion of the self in favour of a quieter, though nonetheless edgy, being. Its terrain is the place where dance dissolves into action, the movement of stillness and the exposed materiality of the flesh. This too is work in which limits are tested, but the boundaries in question are those of the performing subject herself: her somatic, emotional, and psychological constitution of her self. In common with the works of Bausch, La Ribot focuses on the relation between the female body, memory and time. But as solo performances, La Ribot's works fix less on the wound in relation and more on the wound at the centre of the experience of embodied subjectivity itself. She traces the phenomenological inability of her body to ever constitute itself as a body with solid boundaries and integrity. Relation here is between the self and its own lived-memory, between the self and the social body that it meets in its performances. Always re-staging singular acts of self-constitution, La Ribot enacts the wound of time in consciousness that renders its foundational experiences simultaneously constitutive and lost. In this meditation on the relation between time and a particular lived body, what makes and defines movement is insistently questioned.

Another fragment: she corners herself, bare again, and stands on a fold-away chair back against a wall. She bends double so that she is upside down, folded like the chair should be when put away. Her image is all back. She has taken a microphone, and it slowly becomes apparent that she is sobbing into this mic, quietly but insistently. After all her exposure, the strange paradox of presentation and refusal, image but no image, voicing but no words said. This is intensely raw and private, pressed out into the public sphere and then simultaneously withdrawn. I see now her affinity with the fold-away, the least visible of chairs, an object like La Ribot of extension and retraction. I listen to the amplified sound of small sobs. They come from a far away place that is also right here in the room. They reverberate through the blank image and into me. As if to access grief requires a turning over, a bending double, an erasure of one's very profile. As if this condition of semi-present grief, of the female body given to be seen as that which cannot be, is the condition that underlies this work. As if to assert that in all these plays of memory, these intensely emotional but calm renditions of feeling manifested in image and in action, there is a place of being/feeling that remains stowed away, unpresentable in this arena, steadfastly out of sight.

The original *Piezas distinguidas* were each sold to a distinguished proprietor in a gesture that mimicked the systems of patronage and ownership in the art market. What could ownership mean in the context of performance, where the work is repeatable but cannot be exactly reproduced, or easily subjected to a capitalist system of exchange? The gesture asks this question, apparently fulfilling the terms of entry into the market, whilst at the same time hollowing them out. *Panaromix* is another kind of circulation of these works: the sense of each distinguished piece's dedication to some other is the residue of this gesture; but these works are now re-cast as unreturnable gifts to the gathered audience.

Though she spends much of the performance without clothes or barely dressed, La Ribot is not nude. Nudity is a kind of wearing of the skin as a sign of the revealed self; it is swathed in eroticism and projections of gender. Naked might seem like a better word to describe her condition, but even that seems too much like a proclamation; there is no definitive statement here in this stripping of the cloaks of culture. More accurately, the state to which she constantly returns is that of *bareness*. She is simply bare: unassuming, at ease in her own skin, knowing but not arch. She is just breathing, moving, seeing. The kind of blank bareness that is unresponsive to erotic projection, intimate but impersonal, saying very little in and of itself, but allowing actions and objects to speak in relation to it. Though each action in this work involves the wearing of clothes, this is not the donning of costume, in fact, it barely constitutes dressing: clothes and accessories are placed as objects against and over the context of her skin. Their incongruity, their claim to meaning and their ownership of her body, is exposed. Perhaps this is why, though she has spent the performance wearing and discarding numerous clothes, I cannot say that she has undressed, since there is no excitement of revelation, no unveiling. The skin she lives in in this work is, of course, a female skin; and like all skins it is not exempt from the ideologies of the cultural gaze. But her laying bare of this skin, its total giving over of itself, enables its use as a site where we might see more clearly, aside from our habitual ways of seeing, the relation between a phenomenological body and its becoming object, its cultural, mnemonic and ideological makeover.

Another fragment: she is drinking from a bottle, one litre of water, her head and the bottle cocked back as if for show. Nothing moves but the slow rhythmic contractions of her throat as she passes the water into her body without pause. The relay of eyes around her. The level is slowly sinking: water is disappearing into her. As she drinks, her posture gradually changes. She loses tension and the vertical, and starts to slump towards the floor. It is a very matter-of-fact image, like a conjuring trick with its mechanism of illusion exposed. In its long duration, exactly timed to the length of an accompanying song, many possible resonances flit across the simple gesture, threatening but failing to stick. There is something of the masculine drinking game here, something of the scientific test; and aside the sense of tricks and measures, a feeling of enforcement and torture, of masochism, of deprivation and quenching, and of greed. Or perhaps it is just about the meeting of one kind of matter with an other: the action of one on the other. Fluid enters her and she is taken by weight and by gravity.

Most of all, this emptiness, which is not at all empty, this stillness that still moves, this condition of waiting, is a kind of care for that which is imminent. It may come to us in the event, take shape and become meaning; it may recede and resist our presumptuous attempts to know it; it may remain elusive, tantalising and unspoken; it may just stay imminent and never materialise. But what is certain is that the conditions of attention that this performance sets down are carefully attuned to its movement. The performance respects the imminent.

Of all the paradoxes that La Ribot's work inhabits, its contradictive arrangement of time is its most haunting and emotional charge. *Panoramix* enacts a mutation of our habitual perception of time. Estranged from the normal times of performance scheduling, the individual works that make up *Panoramix* seem too fragmentary and slight to be a performance proper, whilst the grand work they come to constitute seems too long to be comfortably sustained. In this combination of the too short and the too long, La Ribot signals to her spectators that they are in the grip of an impossible temporality — fleeting and enduring — a time that does not have its own time. As the spectator enters the dense and slow moving sensorium of this work, orthodox clock time slides into the immeasurable fields of sensory time. Things take their time, and time itself becomes a product of bodies and senses and perceptions, rather than an imposed external structure. This time as it is experienced is not the progressive accumulative time of culture, but a time that is always divided and subject to different flows and speeds. Time out of time. The spectator becomes the witness.

But what is it that she is waiting for when, in one of those thousands of moments, she turns to look out, stalls to think, or glides across the space deep inside some ineffable thought? She is waiting for the event to have happened, for the time of the action-image to have taken place. She waits for these things because she knows that they exceed her. She is the event's catalyst but she is also its perpetually displaced centre.

The generosity of this work, its minimal aesthetics and exposure of action and relation as choreographic, leads its spectators to be seen as performers too. It seems somehow that the woman in the second performance of *Panoramix* I see in Geneva, who insists on quietly reading a book during a section of the work, is doubling La Ribot's assertions of an absent presence, her insistent highly visible refusal to watch, perfectly amplifying the subject of the work. Though it is a mild evening, the guy who comes to the gallery with his shirt off, and lumbers around unaware of his incongruity, his grand beer-belly in a strange conversation with La Ribot's bareness. The perfect timing of a couple of young lovers who affectionately lie down in an unknowing but exact unison with a slow La Ribot fall. Another thousand fragments of tiny gestures, looks, relations that are suddenly announced as presentation, as meaningfully anomalous, as deserving of scrutiny in the light of her aesthetic conditioning. Echoes and insertions of performance in the social sphere.

So many images hewn from trauma, so peacefully arranged.

What recurs across this long and expansive work? Certain figurations and figures. A restless, searching vision. The measuring of a female body, its binding, and its becoming object. The circulation and mnemonic life of objects in its sensory field. The imperative for this body to be shown and the impossibility of its full presence. The lilt of a lopsided broken-heeled woman. The inhabitation through duration of the slow, slow fall of this body. Our living with this body. Its stillness that is nonetheless movement. And throughout it all: the calm persistence of a life, there, bare, before us.

Near the end. She is opening a foil blanket; the ones that marathon runners use when they cross the line. After endurance, warmth, offered from the flimsiest of objects. It is golden and very thin. She wraps it around herself badly — ambivalent towards its protection — lies down and presses a microphone into the fold of material about her belly. We sit and listen to the quiet rustle of the fabric, a second skin, stretching and retracting to match her scarce breath. Nothing more. A soundscape emanating from a micro-gesture. A world is born. We are living inside the long moment of incomplete rest and partial comfort. It lasts a lifetime.

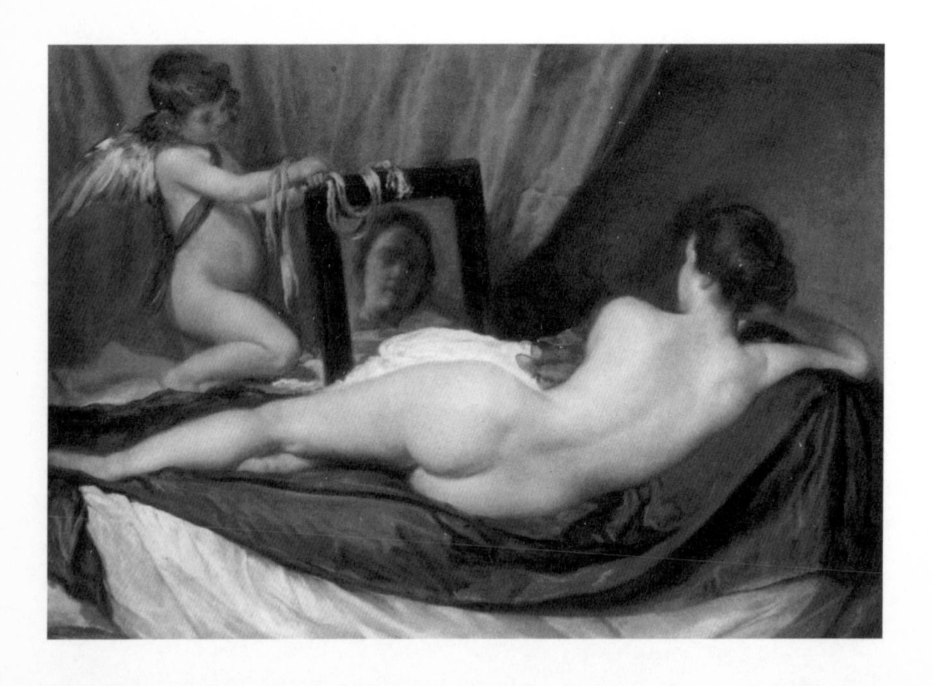

Diego Velázquez, *The Toilet of Venus*, 1647-51. © The National Gallery London.

La distinction et l'humour

José A. Sánchez

IL EST IMPOSSIBLE de comprendre le projet des *Piezas distinguidas* sans recourir à la composante humoristique qui le sous-tend. Mais l'« humorisme » n'est pas un style, ni un élément avec lequel n'importe quel créateur pourrait jouer librement ; l'humorisme, comme le fit remarquer Ramón Gómez de la Serna en 1930, est « un genre de vie, ou plutôt une attitude face à la vie ». Si l'on peut parler d'humour à propos des *Piezas distinguidas*, c'est parce qu'elles sont pensées et construites dans une optique vitale et créative qui rejette tout élément lourd, fixe, ennuyeux, et préfère au contraire ce qui est ludique, léger, fluide et ironique.

Caprices et extravagances

De ce point de vue, il faudrait situer l'œuvre de La Ribot dans une tradition d'artistes « humoristes », dont feraient partie Erik Satie (à qui les pièces doivent leur « distinction »), Buster Keaton, Joan Brossa, Piero Manzoni et bien d'autres. Tous ont en commun cette façon d'assumer leur fonction créatrice avec humilité, de passer avec naturel du grand au petit discours, du cirque au théâtre, de la foire au musée, du morceau de papier au livre ou à la toile. Ce naturel, d'ailleurs, doit beaucoup à l'humour, à sa capacité à relativiser, à dissoudre les limites, à annuler les hiérarchies sans que l'artiste perde sa « distinction ».

Dans son examen particulier des avant-gardes historiques, Ramón Gómez de la Serna considère l'« humorisme » comme un « isme » parmi d'autres. L'avant-gardiste espagnol par excellence a écrit les *Ismes* à Paris dans un moment de mécontentement (historiquement partagé) envers les avant-gardes. Il y évoque les « ismes » connus (la plupart ont disparu), comme le futurisme, le dadaïsme ou le surréalisme, et d'autres inventés par lui : le picassisme, le négrisme, le machinisme, le jazzbandisme, le charlotisme ou l'humorisme, dont certains ont eu plus de succès que leurs prédécesseurs[1].

Dans son texte sur « l'humorisme », Gómez de la Serna précise que la capacité à relativiser est un des traits caractéristiques de cette « attitude vitale » : le fait d'accepter « que les choses puissent être d'une autre façon et ne pas être ce qui est et être ce qui n'est pas[2] ». La relativité affecte tout d'abord la personne, l'artiste dans la relation qu'il entretient avec son œuvre. Mais lorsque l'artiste et l'œuvre coïncident — c'est le cas pour La Ribot et Buster Keaton —, les résultats sont particulièrement surprenants. « Il faut déconcerter le personnage absolu que nous semblons être, écrivait Ramón Gómez de la Serna, le diviser, sortir de nous-mêmes, voir si de loin ou de l'extérieur nous voyons mieux ce qui se passe[3]. » La Ribot semble avoir suivi fidèlement les instructions de ce maître humoriste.

« Ce pourrait être moi, mais ce pourrait aussi être un poulet », semble dire La Ribot dans « Sin título III », où elle s'exhibe face au public, portant le cadavre déplumé d'un poulet (en caoutchouc), suffisamment longtemps pour que le spectateur puisse apprécier la ressemblance avant qu'elle ne conclue : « Là, je ne sais pas quoi faire », et jette violemment le poulet de côté. « Ce pourrait être moi, mais ce pourrait aussi être un colis », semble-t-elle dire dans une pièce de la série suivante, « Outsized Baggage », où elle reste immobile durant quelques minutes après s'être emballée et étiquetée, enregistrée à destination de l'aéroport de Heathrow.

Dans certains cas, la dissociation se produit grâce à la combinaison entre action et regard, comme dans la pièce « N°14 », qui s'ouvre sur l'image de La Ribot au centre de la scène ; un panneau « A vendre » est accroché à son cou et couvre sa poitrine ; une chaise pliante est encastrée sur ses hanches. La dissociation entre artiste et interprète apparaît clairement dans cet exercice où l'un semble ordonner à l'autre d'activer le mécanisme de sa torture. Dans d'autres cas, on ne peut apprécier la distance que dans le geste de surprise qui se lit sur le visage de La Ribot, comme si les occurrences et les caprices de l'artiste étonnaient sans cesse l'interprète et que toutes deux se découvraient, encore et toujours, identiques dans un même corps.

Mais la relativité affecte aussi la composition des pièces. L'humorisme, en effet, selon Gómez de la Serna, ne respecte aucunement « cette loi scolaire qui interdit d'additionner des choses hétérogènes[4] ». Il s'agit là d'un signe de rébellion, déjà présent dans la poésie de Lautréamont que les dadaïstes et les surréalistes ont mis à profit. En Espagne, le poète aux multiples facettes Joan Brossa s'est lui aussi essayé à ce procédé, dans ses poèmes hypnagogiques des années 1940 et surtout dans sa poésie visuelle et la composition de ses poèmes-objets[5]. La Ribot a toujours avoué qu'elle devait beaucoup à Brossa et, d'une certaine façon, on peut imaginer que la « choséification » du corps ou la « corporéisation » de l'image, proposés par La Ribot, naissent de la « choséification » de la poésie pratiquée par Joan Brossa quelque temps auparavant.

Le « néosurréalisme » de Brossa apparaissait clairement dans sa capacité à « juxtaposer deux réalités distinctes dont le choc conceptuel » faisait surgir « l'étincelle poétique »[6]. La Ribot utilise le même procédé que son maître, au point d'en arriver à des extrêmes qui frisent l'« extravagance ». La plus grande « extravagance » de la première série *13 Piezas distinguidas* est « ¡Ya me gustaría a mí ser pez! » : La Ribot entre en scène avec une chaise, une radio et un masque de plongée sur le visage ; pendant qu'on entend les informations diffusées à la radio, La Ribot allume une cigarette, et la fumée qu'elle aspire puis expire par le nez sort par le tuyau du masque ; cela produit sur elle un effet relaxant ou soporifique qui la fait lentement tomber.

La pièce « Manual de uso », également liée à l'idée de l'asphyxie et de l'extinction, est une « extravagance » très semblable à la précédente dans sa structure. L'interprète met un imperméable en plastique transparent, sort de sa poche un mode d'emploi dont elle suit les instructions. L'appareil qu'elle vient apparemment d'acquérir n'est pas un imperméable mais son propre corps qu'elle doit sortir de son étui, déplier, plier, replier, glisser à nouveau dans l'étui... et ce jusqu'à atteindre la position suivante : elle est allongée par terre, la tête couverte par une jambe du pantalon pendant que l'autre est enroulée autour de son cou ; la femme objet doit ainsi attendre... non pas la vie éternelle sous vide, ni que quelqu'un la mette en marche, mais plutôt une mort prochaine par asphyxie.

Dans *Still distinguished*, citons « de la Mancha », pièce dans laquelle La Ribot s'impose une inconcevable accumulation de tâches à accomplir : l'interprète pose sur ses fesses une planche qu'elle ne cessera de mouvoir. Parallèlement, à un rythme différent, elle monte et descend ses jambes et, en même temps, elle s'efforce de faire du crochet et de lire un passage de *Don Quichotte*, choisi au hasard.

Les « extravagances » se construisent en supprimant les limites qui nous permettent de distinguer le liquide (l'eau) du gazeux (la fumée), l'artificiel (la machine) du naturel (le corps), l'humain (la femme) de l'inerte (la chose) et en altérant la syntaxe qui ordonne les combinaisons et les séquences d'action. Il apparaît clairement que les « extravagances » ne sont pas de simples blagues ou des farces grotesques. Tout comme les poèmes visuels et les « poèmes-objets » de Brossa, qui pouvaient être chargés de critiques (antifasciste, antimilitariste, anticléricale...), les pièces de La Ribot renvoient sans cesse, dans leur schématisation jusqu'à l'absurde, à la fragilité de l'être humain, à l'inévitable solitude, compagne des moments les plus critiques, à l'aliénation du corps féminin ou à l'irréductible violence qui persiste dans divers états, d'un côté ou de l'autre du petit écran. En effet, « chez l'humoriste se mêlent le clown, l'excentrique, et l'homme triste qui les contemple tous deux[7] » et qui évite de sombrer dans l'« aigrisme » en acceptant de rester à la surface des objets, dans le jeu des formes, dans l'impénétrabilité de la peau.

Plumes et gazelles

La nudité que La Ribot s'est imposée au moment de concevoir le projet des *Piezas distinguidas* participe de sa volonté de rester à la surface. Ce sera au spectateur d'associer le corps à un objet, une machine ou une personne. La dissociation artiste/interprète ou leur rencontre dans un même corps nu rend la tâche du spectateur bien plus difficile. Mais cette difficulté n'est pas la conséquence d'un camouflage, ou d'un truc, mais plutôt de la sincérité et de l'ouverture d'un corps qui se laisse voir, certes, mais sans permettre que les limites de la peau soient franchies.

« L'humorisme, peut-on lire aussi dans le texte de Gómez de la Serna, est le plus dénué d'intentions, d'effets calculés et de trucs. Ce qui semble un truc, c'est, au contraire, la révélation des trucs qui demeuraient auparavant cachés et non dits...[8] » Il n'en est pas d'exemple plus clair que « Capricho mío » dans *13 Piezas distinguidas*. La Ribot, enveloppée dans une serviette beige et pourvue d'un mètre de couturière, mesure son corps, ou les distances entre différents points de son corps — de façon fantaisiste et donc inutile —, après avoir effectué certains gestes ou pris certaines pauses. À la fin, elle enroule le mètre et en montrant les parties de son corps qu'elle a mesurées, elle conclut : « quatre-vingt-dix/soixante/quatre-vingt-dix ». L'insolence avec laquelle l'interprète falsifie ses mensurations sert à dévoiler ce « truc caché » dans la définition de certains canons contemporains, mais avec juste ce qu'il faut d'ironie pour que le spectateur puisse lui-même résoudre l'ambiguïté qui se dégage de la pièce.

D'un point de vue formel, « Capricho mío » présente certaines similitudes avec une action réalisée par Esther Ferrer en 1971, « Íntimo y personal ». Il s'agissait d'une invitation ironique à mesurer son propre corps (nu ou habillé) en public. Ferrer avait participé dans les années 1960 aux concerts néodadaïstes du groupe *Zaj* ; elle décida de s'attaquer à nouveau à cette action dada qu'était la mesure, mais cette fois-ci à celle du corps (le sien ou celui de quelqu'un d'autre). Sur ce corps, on voyait éventuellement apparaître des numéros gravés, puis le nom de la pièce, écrit en lettres adhésives[9].

Lorsque La Ribot a composé sa pièce, elle ne connaissait pas celle d'Esther Ferrer. Et bien qu'il y ait de nombreux points communs entre les deux artistes (leur intérêt pour la simplicité, pour les objets pauvres — la chaise pliante est une constante dans leur travail — et, surtout, la réflexion sur le corps, l'image et le temps), quelque chose les différencie, à savoir l'intensité de l'humour, particulièrement spectaculaire chez La Ribot et beaucoup plus intellectuel — et qui porte difficilement au rire — chez Esther Ferrer.

Toujours est-il qu'elles pratiquent toutes deux le même jeu : l'extériorisation de l'intime, non par le biais de l'expression, mais en le faisant affleurer. Hofmannsthal, dans la lignée de Nietzsche, affirmait que le meilleur endroit pour cacher la profondeur était à la surface. Et Joan Brossa appliqua ce conseil en multipliant les apparences, les jeux de langage, la conversion d'un objet du quotidien en signe... Parmi les objets visuels de Brossa, on peut trouver des plumes collées ou en équilibre, de petits insectes, des empreintes digitales sur des morceaux de savon, des aiguilles sur des tranches de pain ou des épingles qui tiennent des feuilles mortes...[10] Or la sensation aérienne ne provient pas seulement de la légèreté de certains objets mais aussi de leur dématérialisation, de leur réduction au langage. Ainsi, certains des poèmes visuels de Brossa se composent de voyelles isolées ou fragmentées, de consonnes inversées ou manipulées et de divers signes combinés avec des icônes, des silhouettes ou de petits objets. Tout cela à petite échelle, en veillant bien à toujours laisser la première place à la page blanche, dans une économie que Brossa résumait ainsi : « moins, c'est plus ».

Si Brossa a joué avec les composantes basiques du langage verbal, La Ribot l'a fait avec les éléments basiques de la danse. De la page du poète à l'espace de la danseuse, des restes de l'alphabet aux restes des codes de la danse classique, de la composition visuelle à l'action physique. La Ribot avouait sa perplexité lorsque, pendant l'enregistrement de « Pa amb tomáquet », elle se surprenait elle-même en train d'essayer d'accomplir ses gestes (couper l'ail, les tomates et les étaler sur sa peau) au rythme de la musique.

Dans « Poema infinito », de façon intentionnelle, l'interprète se donne à voir comme une danseuse classique dans un mouvement subtil mais réitéré de pieds et de genoux qui coïncide avec certaines inflexions de l'action et de la musique. La référence est plus ironique dans « 19 equilibrios y un largo » où il s'agit de traduire littéralement par le biais des équilibres physiques les fioritures vocales du chanteur de *Oh ! Sole !* Quant à la tension de ses cordes vocales, elle est représentée par la tension d'une autre corde, imaginaire, que l'interprète fait mine de tendre devant elle tout en avançant lentement alors qu'une robe dorée, accrochée à un cintre, pend à son cou, comme s'il s'agissait d'une autre corde.

Mais c'est sans aucun doute « Missunderstanding » qui joue le plus clairement avec la danse classique et ses codes, même si La Ribot semblait s'en être définitivement éloignée dans *Socorro ! Gloria !* « Missunderstanding » est une chorégraphie pour bras sur fond de musique des Caraïbes. Elle se base sur les codes utilisés par les grands maîtres du ballet classique et les chorégraphes afin d'indiquer avec les mains les mouvements et les figures de tout le corps. Ici, La Ribot synthétise une préoccupation qui peu après la mènera à la réalisation de son spectacle le plus complexe, *el gran game* (1999)[11].

L'éternel retour du ballet dans les *Piezas distinguidas* est indissociable de l'attirance pour la légèreté, et c'est précisément la lutte contre la gravité — qui avait justifié toute la discipline des danseurs classiques — qui fascine et en même temps amuse La Ribot. L'impuissance face à cette force, à l'origine des pleurs de « Hacia dónde volver los ojos », laisse place à l'ironie dans « 19 equilibrios y un largo » et active la mémoire d'une discipline cruelle dans « Chair 2000 ».

La réinterprétation de la « sylphide » comme « gazelle » dans *el gran game* ouvrait la voie à une série de pièces dans lesquelles la légèreté de la danseuse classique était exprimée par le silence (« Muriéndose la sirena », « S liquide »), l'instabilité (« 19 equilibrios... ») ou la transparence (« Zurrutada »). Dans tous les cas, il s'agit d'une légèreté ironique et non spirituelle, la légèreté d'un corps qui, grâce à l'économie de moyens et à l'humour, est capable de transformer la danse en un « art de frôler »[12].

Le choix de la légèreté et de l'économie de moyens fut mis en scène par La Ribot dans un « Strip-tease », présenté en 1991, qui faisait partie de son spectacle *12 toneladas de plumas*. Ce « Strip-tease » fut présenté par la suite comme une pièce autonome sous le titre de *Socorro ! Gloria !* et servit ensuite naturellement de prologue à la première série *13 Piezas distinguidas*. « Strip-tease » était marqué par le désir d'en finir avec une certaine façon de comprendre la danse (la danse contemporaine telle que la pratiquaient certaines compagnies prétendument stables comme *Bocanada* que La Ribot a dirigée avec Blanca Calvo dans les années 1980 à Madrid), et proposait un nouveau type de création basé sur le corps, sans chaussons de danse ni costumes.

Une fois de plus, Joan Brossa s'était intéressé à ce type de représentation avant La Ribot. Ce poète adorait les formes de divertissement populaire comme le cinéma, le cirque et le théâtre de variétés (ce qui était très cohérent avec son intérêt pour les arts pauvres, très présents dans les *Piezas distinguidas*. Un tel enthousiasme le poussa, dans les années 1960, à aller voir des numéros de strip-tease à Bordeaux, puis à Paris — ce type de spectacle n'existait pas en Espagne — et peu après, dans les années 1970, à écrire ses célèbres versions de strip-tease[13].

Certes, le « Strip-tease » de La Ribot était bien différent de ceux, évoqués par Brossa, de Rita Renoir au Crazy Horse dans les années 1950, ou de Christa Leem dans les années 1970 à Barcelone. Déjà, Brossa avait relégué la composante érotique au second plan pour introduire des composantes de type esthétique, linguistique ou politique. Dans le « Strip-tease » de La Ribot, la composante métalinguistique était primordiale, mais la composante politique était loin d'être négligée... En effet, la « grande crise » de la création contemporaine avait eu lieu en Espagne un an après la première représentation ; la politique culturelle qui avait marqué les années 1980 prenait fin, obligeant les artistes à mettre en place des stratégies de survie, réduits qu'ils étaient au petit format. Beaucoup durent s'exiler[14]. La Ribot tourna le dos à la grandiloquence conservatrice des institutions et réagit très vite ; face à cette hécatombe, elle se montra radicale : s'il fallait appauvrir les conditions de production, elle irait jusqu'au dénuement ; et s'il fallait en réduire le format, elle le ferait au maximum.

Pourtant, la pièce qui ouvrait les *13 Piezas distinguidas* et qui par conséquent arrivait juste après « Strip-tease » était « Fatelo con me ». Dans cette pièce, le message de la chanson était contredit par la censure du carton qui couvrait le corps de l'interprète. Le message était à nouveau censuré dans « Numeranda », avec des bandes qui couvraient son pubis et sa poitrine, rappelant inévitablement les caches qui censuraient les corps nus pendant les premières années de la période dite de « découverte », en Espagne, à l'époque de la transition démocratique.

Carles Santos, l'autre grand disciple scénique de Brossa, rappelle que jusqu'à la mort de Franco (et donc pendant quarante ans), Joan Brossa n'écrivait qu'au crayon et que peu de temps avant sa mort (1998), « étant donné la situation actuelle de notre pays », il pensait recommencer à écrire au crayon[15]. La Ribot ne se revêtit pas, mais elle s'en alla vivre et travailler à Londres, toujours avec humour, comme elle avait tourné le dos au grand format et aux théâtres espagnols. Là, à la National Gallery, elle trouva l'image d'une femme dont la poitrine n'aurait pu être cachée par les censeurs d'un régime en dissolution puisque, malgré sa nudité, elle était de dos : la Vénus de Velázquez.

Vénus, anges, sirènes

La Ribot inversa la fonction du miroir dans lequel Velázquez peignit le visage de sa Vénus. Dans le tableau, le miroir offrait les yeux de la femme au spectateur. Il stimulait ainsi l'appropriation complète d'un corps qui cachait précisément les objets du désir masculin. Dans « Sin título IV » de La Ribot, la femme bouge le miroir et rend visible par fragments le devant de son corps, s'appropriant ainsi le regard et l'image du public. Contrairement au corps de la Vénus de Velázquez, les hommes ne peuvent s'approprier celui de la danseuse afin de l'offrir à d'autres hommes, puisque c'est elle-même qui l'offre, le privant d'unité et le transformant en discours. Avec un simple mouvement de bras, La Ribot se dégage de l'érotisme, elle investit son corps de neutralité et dissocie le corps (l'interprète) et le regard (la personne), et ce dans toutes les pièces de la série *Más distinguidas*. Le clin d'œil au spectateur est aussi un clin d'œil à Velázquez.

Avec ce geste, La Ribot donne à nouveau raison à Ramón Gómez de la Serna qui répondait à l'affirmation suivante : « Les femmes ne font pas preuve d'humorisme, elles ne sont pas humoristes », par celle-ci : « On a trop habitué les femmes à pleurer, et l'humorisme est une nouvelle formule pour que leurs larmes s'évaporent. Il faudra encore quelque temps pour qu'elles apprennent à sourire de ce qui les faisait pleurer[16]. » Le temps a passé. Les femmes se sont réconciliées avec l'humorisme, sans oublier ce qui les en éloignait, mais en en faisant la matière même de leur humour.

Dans les *13 Piezas distinguidas*, l'alternance entre le rire et les larmes était claire. Des pièces comiques, comme « Cosmopolita » (dans laquelle La Ribot propose une curieuse carte puisqu'elle donne des noms de villes aux différentes parties de son corps) ou « Capricho mío », côtoient des pièces qui évoquent explicitement la douleur et la violence : dans « Hacia dónde volver los ojos », on n'entend que les gémissements de l'interprète, debout sur une chaise pliante, le corps plié en deux, la tête dans les mains. La danse subtile et mystérieuse à laquelle l'interprète se livre dans « de la vida violenta » est interrompue par la brutalité d'un coup de feu (non sans effet comique) ; enfin, dans « Eufemia », elle découvre, surprise, une tache de sang qui grandit sur sa chemise de nuit blanche, tache qu'elle finit par étendre elle-même à l'aide de la poire en plastique qui contient le liquide rouge dont elle enduit finalement tout son corps — en bonne humoriste, elle révèle le truc.

L'envers de « Eufemia » serait « Poema infinito » de *Más distinguidas* qui représente un double hommage : à son fils et à Erik Satie, l'un de ses grands maîtres. Après avoir écrit sur un grand bloc-notes qui pend à son cou et lui couvre le buste : « Poème pour Pablo. Valse distinguée n° 2 du précieux dégoûté. Piano Satie[17] », elle réalise au marqueur des dessins identiques, enchâssés les uns dans les autres, qui reproduisent schématiquement l'image de la danseuse avec son bloc-notes pendu à son cou. La mémoire (infinie) de la grossesse organique se transforme en dessin, en signe en mouvement, toujours par le même processus de traduction de l'intériorité à la superficie.

La tendresse se transforme en rage dans les pièces qui exposent la violence en forçant l'étonnement, voire le sourire du spectateur. Citons les pièces où la chaise se transforme en instrument de torture (« N° 14 ») ou d'immobilisation (« Chair 2000 »), celles où le corps féminin devient objet inerte (« Outsized Baggage ») ou objet mort (« Manual de uso »), ou encore celles où la violence semble trouver une justification esthétique, comme dans « Another Bloody Mary ».

Entre un extrême et l'autre, entre la tendresse propre à la maternité et la douleur qui naît de la violence et de la mort, l'expérience féminine est montrée dans sa complexité : de façon comique et angoissante dans l'accumulation de tâches qui s'impose dans « de la Mancha » ; de façon vindicative et ironique dans « Angelita » où La Ribot, vêtue d'énormes ailes en caoutchouc, fait d'incessants petits sauts et pose une devinette au public :

> C'est un corps qui peut couvrir, danser, ne pas couvrir, découvrir, supposer, courir, ne pas danser, dévoiler, ne pas raconter, chanter, enfanter, penser, regarder, dire, ne pas faire, sourire, raconter, revenir, terminer, bouger, parler, lire, porter un enfant, sortir, relater, être, téter, prendre, respirer, placer, guetter, limiter, ne pas limiter, défaire, oublier, entreprendre, ne pas terminer, commencer, fatiguer, remplir, vider, ne pas remplir, voir, exécuter, halluciner, attendre, fuir, allaiter, contempler, décider, censurer, diriger, dédier, aller, crier, se promener, refléter, toucher, profiter, méditer, changer, jouer... De quel corps est-ce que je parle ?

Ce corps a longtemps été habitué au silence ; pendant longtemps, il n'a pas eu accès à l'humour et on en trouve des traces dans « Muriéndose la sirena », ou dans « S liquide ». Dans ces deux pièces, La Ribot est allongée sur le côté, couverte des hanches jusqu'aux pieds par un drap blanc ou par du papier aluminium dont on se sert pour recouvrir les cadavres. Son mouvement, pourtant, évoque le contraire : la sirène est prise de convulsions mortelles alors que l'interprète de « S liquide » retient sa respiration pour ne pas faire de bruit avec le papier aluminium dont le bruit est enregistré par un micro implacable.

Bandes et chronomètres

La mort est un thème constant dans la production scénique de La Ribot. Sa présence explique et justifie une fois de plus le recours à l'humour. « L'attitude la plus sûre face à la brièveté de la vie, c'est l'humour, écrit Gómez de la Serna. C'est le devoir rationnel le plus indispensable ; et sur son oreiller fait à la fois d'éléments triviaux et graves, on peut se reposer pleinement[18]. » Gómez de la Serna a écrit que « l'humorisme espagnol » n'a pas pour objectif de « faire rire » et ne se réduit pas non plus à « un jeu d'intrigues » ; au contraire, « il sert à passer le cap de la mort et, du même coup, à mieux traverser le cap de la vie »[19]. Étant donné le nombre de fois où La Ribot « meurt pour de rire » dans ses pièces, on peut penser qu'elle partage l'avis de l'écrivain.

Comme le reste des thèmes abordés par La Ribot, l'essence de la mort est rendue perceptible en surface. Ainsi, sa réflexion sur l'éphémère et sur la fin n'est pas à chercher dans les arguments sommaires de ses pièces mais plutôt dans le traitement des dimensions formelles, et plus précisément dans celui du temps. La brièveté est annoncée dans la formulation même du projet : les pièces doivent durer entre trente secondes et sept minutes, dans une optique minimaliste qui observe la devise de Joan Brossa : « moins, c'est plus », et qui rend obligatoire l'obédience à des montres et à des chronomètres. La Ribot a utilisé le chronomètre comme élément de tension dans *Oh ! Sole !* (1995) et dans *el gran game* (1999), afin de rendre présente, durant le déroulement même de ces pièces, leur limite inéluctable. Et même si, dans les *Piezas distinguidas*, le chronomètre apparaît seulement dans « Divana », et avec une fonction plus ludique, cette tension est évidente, toute conditionnée qu'elle est par la brièveté qui signale l'achèvement et la limite. Presque toutes les images de mort (par asphyxie dans « ¡Ya me gustaría a mí ser pez! » ou « Manual de uso » ou par noyade dans « Zurrutada ») sont liées à la durée. La mort n'est pas tant une fin gratuite que la conclusion d'une action qui a accompli sa durée et, dans certains cas, son processus (la chute). L'immobilité sur laquelle s'achève « N° 14 » est également conditionnée par la fin d'un processus. Malgré sa brusquerie, la mort violente — celle de l'interprète tuée par un coup de feu dans « de la vida violenta » — est formellement justifiée.

Ce type de structure, récurrente dans les pièces, joue avec l'épuisement d'un procédé qui s'achève sur l'immobilité et la mort, et trouve ses origines dans un certain art de l'action qui conditionne le format ou le temps en fonction de la durée d'un processus ou de la résistance physique de l'interprète. Esther Ferrer a aussi expérimenté ce type de jeu. Dans *Le Fil du temps*[20], il s'agissait de s'asseoir sur une chaise et d'attendre qu'un fil, ou un autre matériau, tombe lentement sur la tête de l'exécutant. Dans la version où Esther Ferrer utilisait de la farine, elle proposait l'interruption de la performance lorsque le niveau de la farine atteignait le cou, mais elle ajoutait : « Au cas où les personnes qui réalisent la performance souhaiteraient se suicider, elles peuvent continuer jusqu'à ce que la farine les recouvre entièrement et les empêche de respirer[21]. »

Mais ce qui est action chez Ferrer est représentation chez La Ribot. La durée, dans ce cas, n'est pas réelle mais représentée : c'est l'artiste qui décide du temps que doit durer le processus ; c'est elle qui ajuste le temps au chronomètre, le libérant ainsi de l'inertie ou de la tyrannie des lois physiques. Et c'est ce qui permet de se suicider autant de fois que l'on veut, comme Esther Ferrer le suggérait avec un humorisme beaucoup plus grave. Car le recours au chronomètre est, en effet, un facteur qui introduit, non seulement la tension, mais aussi la légèreté.

La Ribot assume la nécessité de la fin et le fait que tout processus atteint ses limites avant sa transformation, elle fait ainsi face au drame de l'éphémère. Elle l'inclut dans la conception même de ses pièces, le met en relief, lui donne de la puissance et semble parvenir à le neutraliser, ou du moins à en relativiser les effets. En réduisant le calendrier à la sphère du chronomètre, en réduisant la mémoire biographique à un jeu de « dépliant », La Ribot transforme la condition de l'être éphémère en condition d'être léger.

La mise en espace de la mémoire biographique avait été l'objet d'une pièce d'Esther Ferrer. Elle utilisait une photo de son corps, ou de son visage, pour montrer le temps qui passe et le figer du même coup dans l'image[22]. Avec davantage de culot qu'Esther Ferrer, La Ribot se rit du temps qui passe dans « Candida iluminaris » où elle se prête à un exercice de spatialisation de la mémoire biographique. La collection de miniatures, qui font à la fois référence à des objets utilisés dans des pièces antérieures et à l'imaginaire qu'elles suscitent, sont alignées par terre par La Ribot, formant une trajectoire, une biographie qui s'achève sur le déshabillage de la danseuse dont les vêtements épars suggèrent la présence/absence. Allongée par terre, La Ribot émet des sons à la fois plaisants et moqueurs et rappelle au spectateur, pris au dépourvu, que l'auteur, la « vivante », est toujours là, bien qu'allongée et inactive.

« Candida iluminaris » est la première pièce (en direct) de *Still distinguished*, et cela n'est pas gratuit. Cette série marque une évolution dans le projet des *Piezas distinguidas* qui mettront dorénavant l'accent sur l'espace et non plus sur le temps. Dans la première série, la brièveté des pièces était en accord avec une conception limitée de l'espace, conséquence d'une absence de déplacement sur scène. Mais dans les séries suivantes, on assiste à un élargissement des dimensions spatio-temporelles qui justifierait l'idée, présente dès l'origine du projet, d'élaborer une œuvre unique, composée de cent pièces qui se réaliseraient peu à peu, pendant un nombre indéterminé d'années. La Ribot subvertit ainsi la spatio-temporalité habituelle du spectacle scénique pour s'approcher d'une spatio-temporalité plus plastique, mue par un principe de non-réversibilité : bien que le temps fût comprimé dans chacune des pièces, elle se montrait implacable sur leur succession.

Le processus d'expansion s'effondre dans *Still distinguished*, à tel point que dans « Zurrutada », La Ribot compose une pièce qui met l'arrêt même en mouvement. Dans cette pièce, la danseuse ingère un litre d'eau pendant le temps exact que dure la chanson de Velma « 55291 » ; pendant ce temps, elle se laisse progressivement tomber jusqu'à rester immobile en position couchée. À la différence de presque toutes les autres pièces de la série, qui comportent une étape de construction (l'interprète agit) et un temps d'arrêt (le spectateur observe), « Zurrutada » unifie les deux étapes : l'action et l'observation de l'immobilité. Ainsi, elle se transforme en une visualisation du paradoxe contenu dans le titre de la série *Still distinguished* : « *still* », comme « encore » (durée/temps) et en même temps « tranquille » ou « mort » (arrêt/espace) [23].

Même si la clef du nouveau projet créatif de La Ribot se trouve probablement dans « Candida iluminaris », en construisant une file de miniatures — qui faisaient référence à la succession des *Piezas distinguidas* existantes —, la chorégraphe mettait en espace ce qui jusqu'alors avait été éminemment temporel. La conséquence naturelle serait la fermeture du processus dans *Panoramix*, où les pièces composées pendant dix ans sont exposées comme des tableaux sur les murs de la galerie/musée (tout comme sont exposés les « restes » des actions de Manzoni et d'autres artistes *plastiques*), en attendant d'être récupérées pour une autre version du spectacle qui lancerait un défi à l'irréversibilité du temps. Et ce toujours avec humour, comme dix ans auparavant, La Ribot défiait la vieille danse classique et la censure, apparemment inexistante.

Traduit de l'espagnol par Marianne Basterra

1. Ramón Gómez de la Serna, *Ismos*, Madrid, Biblioteca Nueva, 1931. Voir le catalogue de l'exposition : *Los ismos de Ramón Gómez de la Serna y un apéndice circense*, Madrid : Museo Nacional Centro de Arte Reina Sofía, 2002.
2. Ramón Gómez de la Serna, « Gravedad e importancia del humorismo », *in* Ana Martínez-Collado (dir.), *Una teoría personal del arte. Antología de textos de estética y teoría del arte*, Madrid : Tecnos, 1988, p. 205.
3. *Ibid.*
4. *Ibid.* , p. 206.
5. Voir le catalogue *Joan Brossa o les paraules son las cosas*, Barcelone : Fundación Joan Miró, 2001.
6. Victoria Combalía, « Joan Brossa y la vanguardia internacional », *in* Manual Guerrero (dir.), *Joan Brossa o la revuelta poética*, Barcelone : Generalitat de Catalunya/Fundación Joan Brossa/Fundación Joan Miró, 2001, p. 166-169, p. 167.
7. Ramón Gómez de la Serna, *op. cit.*, p. 209.
8. *Ibid.*, p. 206.
9. Esther Ferrer, *Esther Ferrer : De la acción al objeto y viceversa*, Saint Sébastien : Diputación Foral de Gipuzkoa, p. 68.
10. Brossa agit sur les codes et pratique un jeu de langage au second degré. Parfois, il multiplie les apparences d'un être unique et raréfie cette multiplication en un jeu rigoureux provoqué par cette soudaine légèreté des choses (*cf.* Christine Buci-Blucksmann, « El teatro de las metamorfosis de Joan Brossa », *in* Manuel Guerrero, *op. cit.*, p. 188-191, p. 189).
11. À propos du code et de la légèreté, voir José A. Sánchez, « *El gran game* », *Zehar*, n° 42 (primavera 2000), p. 46-54.
12. « L'ironie est l'art de frôler », écrivait Vladimir Jankélévitch dans *L'Ironie*, Paris : F. Alcan, 1936.
13. Il s'agit de brèves pièces de théâtre écrites par Brossa entre 1966 et 1967, dans lesquelles il essayait de doter de poésie et de génie une forme spectaculaire caractérisée, selon lui, par sa monotonie et son manque d'originalité. Voir Eduard Planas, *La poesía escénica de Joan Brossa*, Barcelone : AIET, 2002, p. 199 et suivantes.

14. 1992 fut l'année de la célébration des jeux Olympiques de Barcelone, de l'Exposition universelle de Séville, l'année où Madrid fut capitale européenne de la culture et où l'on commémorait le 500e anniversaire de la découverte de l'Amérique. Cette apothéose, qui devait faire connaître à l'Espagne une nouvelle Renaissance, eut paradoxalement des conséquences néfastes.
15. Carles Santos, « A Brossa », *in* Manuel Guerrero, *op. cit.*, p. 322.
16. Ramón Gómez de la Serna, *op. cit.*, p. 209.
17. En français dans le texte.
18. *Ibid.*, p. 204.
19. *Ibid.*, p. 216.
20. En français dans le texte.
21. Esther Ferrer, *op. cit.*, p. 84.
22. De façon plus abstraite, dans *Huellas, sonidos, espacios*, Ferrer tentait une visualisation ou une mise en espace des traces laissées, dans la mémoire du spectateur, par une série d'actions effectuées dans un temps déterminé (*ibid.*, p. 58).
23. Sur l'analogie entre les pièces de *Still distinguished* et le genre de la « nature morte », voir Fernando Castro, « Still life. Una aproximación (excéntrica) a La Ribot », in *La Ribot* (catalogue d'exposition), Madrid : Galerie Soledad Lorenzo, p. 5-14, p. 8.

Distinction and Humour

José A. Sánchez

THE PROJECT of *Piezas distinguidas* is incomprehensible without taking into account the humouristic component, which inspires it. Humourism is not, however, a style. Nor is it an element, which any creator can feel free to play with. Humourism is, as Ramón Gómez de la Serna pointed out in 1930, "a genre of life, or rather an attitude towards life itself." If we can speak about humour in relation to the *Piezas distinguidas*, it is because they have been conceived of and constructed from a vital and creative attitude that rejects being straight, oppressive, fixed and tedious, and prefers instead to be ludic, subtle, free-flowing and ironic.

Caprices and absurd extravagances

From this point of view, La Ribot's creation can be situated within a tradition of humouristic artists together with the figures of Erik Satie (to whom the pieces owe their touch of "distinction"), Buster Keaton, Joan Brossa, or Piero Manzoni, among others. What they all have in common is the modesty with which they assume the creative function and the lack of pretension with which they go from the great discourse to the small discourse, from the circus to the theatre, from the fair to the museum, from the paper cutting to the book or the canvas. They share a naturalness which owes a lot to the relativizing capacity of humour itself, and which dissolves limits and dismantles hierarchies without letting the artist lose his/her touch of "distinction."

In his peculiar revision of the historical vanguards, Ramón Gómez de la Serna included "humourism" as another of the "isms." Ramón, the ultimate figure of the Spanish vanguard, wrote his *Ismos* in Paris during a time of discontent (historically shared) with the movements of the vanguard. It was in this way that together with well-known "isms" (which in the majority of cases have disappeared, such as futurism, Dadaism, surrealism), he included others of his own invention, like picassism, negrism, machinism, jazzbandism, chaplinism, or humourism, "isms" which in certain cases were more successful than those which had been previously developed.[1]

In his text on "humourism," Gómez de la Serna underlined in a precise manner the capacity of relativization as one of the characteristic features of that "vital attitude" by accepting that "things can sometimes turn out to be different and not be what they seem to be, or be what they don't seem to be."[2] Relativity affects, first of all, the actual person, the artist in relation to his/her work. However, when the artist and his/her work coincide, as in the case of La Ribot or Buster Keaton, the results can turn out to be spectacularly surprising. "We must try to disconcert the absolute character that we appear to be," wrote Ramón, "divide the character up, come out of ourselves, and see if from further away or from the outside we can get a better look at what is happening."[3] La Ribot appears to have closely followed the instructions of the master of humorists step by step.

"It could be me, but it could also be a chicken," La Ribot seems to be saying to us in "Sin título III." There, she exhibits herself facing towards the front with a plucked chicken made of rubber, holding it long enough for the spectator to appreciate the similitude before concluding, "Here, I don't know what to do," and violently throwing the chicken to one side of the stage. "It could be me, but it could also be a package" seems to be the message from another piece belonging to the next series, "Outsized Baggage," in which she remains motionless for a few minutes after having conveniently labelled and packed herself up before being checked in at Heathrow.

In some cases, the dissociation is produced through the combination of action and gaze, as in the case of piece "N° 14," which opens with the image of La Ribot in the centre of the stage with a "For sale" sign hanging from her neck. The sign covers her breast, and a folding chair is fitted around her hips. The dissociation of the artist from the performer appears very clearly in this exercise in which one seems to order the other to trigger the mechanism of her own torture. In other cases, the distance can be appreciated simply by that gesture of contained surprise reflected in her face, as if the occurrences and caprices of the artist continually surprised the performer, and both discovered each other over and over again as being identical in their bodies.

Relativity, however, also affects composition itself. Humourism, according to Ramón, does not respect anything "that school law that prohibits to add things heterogeneously together."[4] This is an act of rebellion that we can already expect to find in Lautréamont's poetry, which was used by both the Dadaists and the Surrealists. In Spain, it was practiced by the multifaceted poet Joan Brossa, both in his first hypnagogic poems in the forties, and, at large, in the visual poetry and in the composition of his object-poems.[5] La Ribot has always confessed that she owes a lot to Brossa, and up to a certain point it could be understood that the objectification of the body or the "bodification" of the image proposed by La Ribot has its origin in the objectification of poetry carried out by Brossa some years earlier.

Brossa's "neo-surrealism" was clearly visible in his capacity to "juxtapose two different realities, the conceptual confrontation", which gave way to "the poetical shine."[6] Following the same lines as her master, La Ribot used this same procedure, sometimes reaching such extremes that her work almost crosses the limits of "absurd extravagances." The biggest "absurd extravagance" in this first series *13 Piezas distinguidas* is "¡Ya me gustaría a mí ser pez!" in which La Ribot appears carrying a chair and a radio, and wearing a snorkel on her face; whilst we hear a news programme on the radio, she lights a cigarette and breathes in the smoke, inhaling it through her mouth. When she blows the smoke out through her nose, it comes out of the tube of the snorkel at the same time producing a relaxing or lethargic effect on the performer herself, and making her fall slowly to the floor.

A very similar "absurd extravagance" in its structure, also linked to the idea of suffocation and extinction, appears in "Manual de uso." The performer is wearing a transparent plastic raincoat, and removes from her pocket a handbook of instructions and puts them into practice. The apparatus that she has supposedly just bought is not the raincoat, but her own actual body, which she has to free from the covering, unfold, fold, fold up once again, and put back inside the cover... And so on until she reaches a position in which, lying on the floor with her head covered by a transparent trouser leg and the other trouser leg wrapped around her neck, the female apparatus must wait... not for eternal life in the form of a vacuum-packed can, but rather for an imminent death by suffocation.

In *Still distinguished*, it is worth pointing out the inconceivable accumulation of tasks that La Ribot imposes in "de la Mancha." The performer places on her buttocks a board, which she proposes to move continuously, and she combines this movement with the swaying back and forth of her legs at a different rhythm. At the same time she is trying to crochet and read a fragment of *Don Quixote* chosen at random.

These "absurd extravagances" are constructed by removing the limits that allow us to distinguish what is liquid (water) from what is gaseous (smoke); what is artificial (machine) from what is natural (body); what is human (woman) from what is inert (object); while altering the syntax that arranges the combinations and the sequences of action. Of course, these "absurd extravagances" are not mere jokes or grotesque occurrences, but rather, in the same way that Brossa's visual or object poems sometimes contain a deep critical emphasis (antifascist, antimilitarist, anticlerical...), La Ribot's pieces, by reduction to the absurd, continually refer to the fragility of the human being; the unavoidable solitude that accompanies the most critical moments; the alienation of the female body; or the unyielding violence that persists in different states on either side of the small screen. The reason is that "both the eccentric, the clown, and the sad man, who contemplates them both, are mixed together in the humorist,"[7] and avoid falling into "bitter resentment" by accepting to remain on the surface of the objects in the game of forms and in the impenetrability of the skin.

Feathers and Gazelles

The nakedness that La Ribot imposed on herself when she came up with the idea of the project of the *Piezas distinguidas* amplifies her willpower of superficiality. The spectator has to identify the body as an object, a machine, or a person. The dissociation between the artist/ performer and the coincidence of both inside the same naked body make the spectator's task increasingly more difficult. This difficulty is not, however, the consequence of putting on a mask or that of a trick; but rather, it comes from the sincerity and openness of a body, which shows itself to the public, that is, without allowing it to go beyond the limits of one's skin.

"The humourism" can also be read in Ramón's text: "it is the cleanest of all intentions, of calculated effects and of tricks that before remained hidden and unsaid..."[8] The clearest example that reflects this is "Capricho mío," a piece from *13 Piezas distinguidas* in which La Ribot, wrapped in a beige towel with a tape measure, takes capricious, and hence useless, measurements of her body or of the distances between different parts of her body, after having made certain gestures and poses. In the end, she puts away the tape measure and concludes by pointing out with her hands: "ninety-sixty-ninety." The audacity with which the performer falsifies her measurements is used to reveal that "hidden trick" inside the definition of certain contemporary canons, even if it is with sufficient irony that the spectator feels responsible for resolving the ambiguity contained in the piece.

In a formal sense, "Capricho mío" presents certain parallels with an action carried out by Esther Ferrer in 1971: "Íntimo y personal." The action consisted of an ironic invitation to measure one's own body (with or without clothes) in public. Esther Ferrer, who had already taken part the previous decade in the neo-dadaist concerts of a group called *Zaj*, decided to focus again on the dada action of measuring, but this time by applying it to the body (whether it was her own or that of another person). Engraved numbers would eventually appear on the body and, finally, the title of the piece written with adhesive letters.[9]

When La Ribot composed her piece she had no knowledge of the piece by Esther Ferrer. And although there are many coincidences between both artists (their interest in simplicity, in poor objects — the folding chair is a constant in the work of both artists — and, above all, in their reflection on the body, image and time), there is, however, something that puts a distance between them. This lies in the intensity of their humour, which in the case of La Ribot has a more spectacular style to it; whilst in the case of Esther Ferrer, it is much more intellectual, and therefore more difficult to move the spectator to laughter.

In any case, the same game is put into practice by both: the exteriorisation of intimacy, not by means of expression but rather by means of the transposition of intimacy towards the surface. Hofmannsthal, following Nietzsche, had already warned that the best way to hide what lies deep down is to bring it up to the surface. And Joan Brossa put that suggestion into practice by multiplying appearances, plays on words, the conversion of an everyday object into a sign... In Brossa's visual objects we can find stuck or balanced feathers, small insects, digital prints on bars of soap, pins on slices of bread, or clips that hold dried leaves together...[10] The lightness, however, does not just come from the buoyancy of certain objects; but also from its de-materialization, and from its reduction to language. In this sense, some of Brossa's visual poems are composed of isolated or fragmented vowels, inverted or manipulated consonants, and diverse signs combined with icons, figures, or small objects. All of this occurs on a small scale and always allows the blank page to be predominant, with an economy that Brossa defined as "less is more."

If Brossa played with the basic pieces of verbal language, La Ribot did so with the basic elements of dance. The page of the poet was transferred to the space of the ballet dancer; the remains of the alphabet were converted into the remains of the ballet code, and the visual composition into physical action. La Ribot confessed her own puzzlement when, during the recording of "Pa amb tomáquet," she found herself trying to harmonize her actions (cutting up garlic and tomato, and wiping it over her skin) with the rhythm of the music.

In an intentional way, in "Poema infinito," the performer appears as a classical ballet dancer with a subtle but repeated movement of feet and knees, which coincide with certain inflections of action and music. The reference is even more ironic in "19 equilibrios y un largo," where the main aim is to literally translate by means of physical equilibrium the vocal frills of the singer of *Oh! Sole!*; and to translate the tension of her vocal cords by relying on the tension of another imaginary, which the performer tries to keep in front of her between her hands as she slowly moves forward with a gold dress hanging-hanger and all — from her neck as if it were another rope.

But it is without doubt "Missunderstanding" that contains the clearest pun on ballet and its codes, even if La Ribot appeared to have definitely left them behind in *Socorro! Gloria!* "Missunderstanding" is a choreography for arms about Caribbean music based on the code used by the masters of ballet and the choreographers in order to indicate with their hands the movements and figures of the whole body. Here, La Ribot synthesised the anxiety, which shortly after would drive her to carry out her most complex show, *el gran game* (1999).[11]

The eternal return of ballet in the *Piezas distinguidas* cannot be separated from the interest towards buoyancy; and it is precisely that struggle against gravity, which had justified all the discipline of classical ballet — that fascinates and at the same time amuses La Ribot. The lack of power before this force, that provokes the crying in "Hacia dónde volver los ojos," gives way to the irony in "19 equilibrios y un largo," and provokes the memory of a cruel discipline in "Chair 2000."

The reinterpretation of the "sylph" as a "gazelle" in *el gran game* indicated the course of a series of pieces in which the weightlessness of the classical ballet dancer appeared translated as silence ("Muriéndose la sirena," "S-liquide"), a lack of stability ("19 equilibrios..."), or transparency ("Zurrutada"). In each case, it is an ironic buoyancy not spiritual — the buoyancy of a body that by means of an economy of resources and humour is capable of transforming dance into an "art of delicate touch."[12]

The option of weightlessness and economy was staged by La Ribot in a "strip-tease" presented in 1991 as a part of her show *12 toneladas de plumas*, and later as an autonomous piece with the title *Socorro! Gloria!* Serving as a natural prologue to the first series, *13 Piezas distinguidas*, it had to be read as the end to a way of understanding dance (contemporary dance practised by supposedly stable companies, such as Bocanada, which La Ribot directed together with Blanca Calvo during the eighties in Madrid), and the beginning of an approximation towards other ways of creation focused on the body without shoes or even a wardrobe.

Once again, Joan Brossa got ahead of La Ribot in being interested in this way of performing. The truth is that the poet was an enthusiast of popular entertainment: the cinema, the circus, and vaudeville (something extremely in line with his interest for poor objects, also very present in the *Piezas distinguidas*). Such was his enthusiasm in the sixties that he decided to go and watch, first in Bordeaux and later in Paris, several "strip tease" shows (this type of show was at the time non-existent in Spain), and later wrote in the seventies his well-known versions of the strip-teases.[13]

Of course, La Ribot's "strip-tease" was very different from that of Rita Renoir in the Crazy Horse in Paris in the fifties, or that of Christa Leem in the seventies in Barcelona. Brossa had already moved the erotic component to a second plan, introducing aesthetical, linguistic or political components in its place instead. In La Ribot's "strip-tease," the metalinguistic component was essential, but not for that reason was politics less important. The following year, after La Ribot's first representation, the "great crisis" of contemporary creation took place in Spain due to the end of cultural politics, which had marked the previous decade; and signalled the beginning of a period of regression, which forced artists to look for survival strategies, such as reducing their work to a much smaller format. Many were finally forced into exile.[14] Turning her back on the conservative grandiloquence of the institutions, La Ribot reacted pretty quickly to this hecatomb, and decided to be radical. If one had to impoverish the conditions of production, then she would go as far as nakedness; and if one had to reduce the format, she would go all the way imaginable.

The piece, however, that opened *13 Piezas distinguidas*, and which therefore followed "Strip-tease," was, in fact, "Fatelo con me," in which the message of the song seemed to be contradicted by the censure of the cardboard, which covered the performer's body. The message was yet again censured in "Numeranda;" this time with bands covering her pubis and chest, and which inevitably brought to mind those black strips that censured the images of nude bodies in the first years of what was known in Spain as the period of "liberalization" during the years of democratic transition.

Carles Santos, Joan Brossa's other great performance disciple, remembers that, until the death of Franco (during forty years), Brossa had always written using pencil; and that just before his death in 1998, "in view of the present situation in our country," he had thought of going back to using pencil.[15] La Ribot did not get dressed again, but instead she went to live and work in London with the same humour with which she turned her back on the large format and Spanish theatres. There, in the National Gallery, she found the image of a woman whose chest the censors of a dying regime would not have been able to cover, since, despite her nudity, she was standing with her back facing the front.

Venus, angels, mermaids

La Ribot inverted the function of the mirror in which Velázquez painted the face of his Venus. In the painting, the mirror was used to offer the spectator the eyes of the woman, stimulating in this way the complete appropriation of a body that hid precisely the focus of masculine desire. In "Sin título IV," the woman moves the mirror, making the front part of her body visible to the spectator in a fragmentary way and appropriating herself the gaze and the image of the public. Contrary to what occurred with Velázquez's Venus, this body can no longer be appropriated by the gaze of a man in order to offer it to another, since it is offered by the woman herself, deprived of unity and converted into discourse. With a simple movement of the arm, La Ribot lets go of eroticism, bedecking her body with neutrality, and practises the dissociation between the body (performer) and the gaze (person) that functions in the rest of the pieces of this series (*Más distinguidas*). The wink she gives to the spectator is also a wink to the great Velázquez himself.

With this gesture La Ribot admitted that Ramón Gómez de la Serna was right. He opposed himself to the idea that humourism "is not usually exhibited by women, as women are not usually humorists," arguing that "women have become too used to crying, and humourism is a new formula to evaporate their tears. And, he concluded, they still need time to learn how to laugh about what made them cry."[16] Time has gone by and women have reconciled with humourism — without forgetting what had once separated them from it — by turning it into a point of focus instead.

In the pieces from *13 Piezas distinguidas*, the alternation between smiling and crying was quite clear. Together with rather comical pieces like "Cosmopolita" (in which La Ribot proposed a peculiar type of map by giving names of cities to different parts of her body) or "Capricho mío," there were others that had a strong explicit reference to pain and violence. In "Hacia dónde volver los ojos," we can only hear the performer moaning, standing on a folding chair, but with her body bent over from the waist and with her hands on her head. The subtle and mysterious dance presented by the performer in "de la vida violenta" is interrupted by the brutal shot of a gun (not without a rather comical effect); and in "Eufemia" she surprises herself by coming across a blood stain on her white shirt, a stain that extends itself and which she finally enlarges by taking out a plastic pear that contains the red liquid (discovering, like a good humorist, the trick) and applying it to her entire body.

The other side of "Eufemia" was "Poema infinito" in her second series, which represented a double tribute to her son and to another of her masters, Erik Satie. After having written "Poema for Pablo. Valse distinguée nº 2 du précieux dégôuté. Piano Satie." on a large panel that hangs from her neck and covers her bust, she draws with the same thick pen a sketch, which suddenly portrays herself and which reproduces in a schematic way the image of the ballet dancer with an enormous piece of cardboard hanging around her neck. The (infinite) memory of the organic pregnancy turns itself into a drawing — into a sign in movement — inside that constant process of superficial translation of the inner world.

Tenderness becomes anger in those pieces that expose violence, forcing the astonishment, or even the smile, of the spectator; like in those pieces in which the chair becomes an instrument of torture ("N° 14") or immobilization ("Chair 2000"); or the body of the woman is objectified to the point of inertia ("Outsized Baggage") or death ("Manual de uso"); or violence seems to find an aesthetical justification, like in "Another Bloody Mary."

Between one extreme and the other, between the tenderness typical of maternity and the pain born from violence and death, the feminine experience is also shown in all its complexity: in a comic and anguished way in the accumulation of stains that are imposed in "de la Mancha;" in a vindictive and ironic way in "Angelita," where La Ribot wearing enormous wings made of rubber foam jumps incessantly up and down and poses a riddle to the public,

> if I speak about a body that is used to cover up, to dance, to not cover, to uncover, to suppose, to run, to not dance, to reveal, to not tell, to sing, to give birth, to think, to look, to say, to not do, to smile, to tell, to turn back, to finish, to end, to move, to speak, to read, to gestate, to bring out, to relate, to be, to breastfeed, to pick up, to breath, to place, to look down on, to limit, to not limit, to undo, to forget, to undertake, to not end, to begin, to tire, to fill, to empty, to not fill, to see, to execute, to hallucinate, to wait, to flee, to nurse, to contemplate, to decide, to censure, to direct, to dedicate, to walk, to scream, to stroll, to be reflected, to touch, to enjoy, to meditate, to change, to play... which body am I speaking of?

The body that she speaks of is a body, which has for a long time been kept in silence, that same body which was not allowed access to humour, and which we can find traces of in "Muríendose la sirena" or "S liquide." La Ribot appears in both pieces lying on her side covered from her hips down to her feet with a white sheet in the first piece, and in the second, with metal paper, like those used to cover corpses. Her movements, however, evoke the contrary: the mermaid suffers slight spasms of death, whilst the performer of "S liquide" holds her breath to avoid any sound emerging from the paper that can be recorded by an implacable microphone.

Tapes and chronometers

Death is a constant subject in La Ribot's scenic production, and its presence explains and justifies once again humour as a resource. "The most certain attitude before the ephemera of life is humour. It is the most rational and indispensable duty; and on the pillow made up of trivial and crucial elements, one can rest at peace." [17] Ramón Goméz de la Serna even wrote that "Spanish humourism" does not have the objective to "make one laugh," nor is it reduced to "a game of intrigue." On the contrary, "it is used to get through the experience of death, and at the same time to get on with life in a better way." [18] Taking into account the number of times that La Ribot "pretends to die" in her pieces, one might think that she shares the same opinion.

Like with the rest of the subjects that underlie the repertoire of her pieces, the essence of death, however, is dealt with by previously transferring its content to the surface. In this sense, her reflection on what is ephemeral and on the final end are to be found not so much in concise arguments as in her treatment of formal dimensions and, more concretely, in the treatment of time itself. The idea of brevity was declared in the actual formulation of the project. The pieces had to last between thirty seconds and seven minutes, from a minimalist point of view, which referred to Joan Brossa's previously mentioned motto of "less is more," thus making it obligatory to obey watches and chronometers. La Ribot used the chronometer as an element of tension in *Oh! Sole!* (1995) and in *el gran game* (1999) in order to make its inescapable limit visible during the performance of the pieces. And although in *Piezas distinguidas* the chronometer only appears in "Divana" — and has a more lucid function — the tension is evident, conditioned by the sense of brevity that shows the ending or the limit. Nearly all the images of death used in the pieces (by suffocation in "¡Ya me gustaría a mí ser pez!" and "Manual de uso," or by drowning in "Zurrutada") are related to duration. Death is not so much an unwarranted ending as the conclusion of an action that has completed its duration, and, in some cases, its process (that of falling to the floor). The immobility with which she concludes "Nº 14" is equally conditioned to the end of a process. In spite of its apparent abruptness, the violent death — that of the performer shot by a gun in "de la vida violenta" — is even formally justified.

This type of structure, recurrent in the pieces, plays with the exhaustion of one process that ends in immobility and in death. It has its origins in a certain art of action that conditions the format or the time according to a particular process or to the physical resistance of the performer. Esther Ferrer also practised these types of game. In *Le Fil du temps*, she sat on a chair and waited for a thread or another material to fall slowly on the head of the artist and cover her. In the version done with flour, Esther Ferrer stopped the performance just as the level of the flour reached her neck, but added: "in the case that a person or the people who are performing the action wish to commit suicide, they may continue until the flour has completely covered them and they can no longer breathe."[19]

What in the case of Ferrer is action, in the case of La Ribot is representation. In this sense, the duration is not real, but represented. It is the artist who decides how long the process must last, and adjusts the time to the chronometer, freeing it from the inertia or from the tyranny of physical law. It is this that allows her to commit suicide as often as she wishes, as Esther Ferrer suggested with a far more solemn humourism. The use of the chronometer is, in actual fact, one of the factors that introduces not only tension but also triviality.

La Ribot assumes the necessity of the ending and the fact that every process reaches its limits before it is transformed. She stands up to the drama of what is ephemeral. By introducing it into the actual conception of her pieces, by emphasizing it and strengthening it, she seems to reach its neutralisation, or at least the relativization of its effects. By reducing the calendar to the sphere of the chronometer, and the biographical memory to an "opened out" game, La Ribot transforms the condition of being ephemeral into that of being trivial.

The spatial transformation of biographical memory had been the object of another of Esther Ferrer's pieces. In this case, she takes photos of her body or face in order to show the passing of time, thus bringing it to a halt inside the image.[20] With more nerve than Esther Ferrer, La Ribot laughs about the passing of time in "Candida iluminaris," where she performs an exercise of spatial transformation of biographical memory. The collection of miniatures, which refer to objects used in previous pieces and to the imagery that these generate, are placed on the floor of the room by La Ribot. They visualise a career and a biography, which ends with the removal of the clothes that, at that moment, cover her body and suggest her presence/absence. Lying on the floor, the dancer emits a sound halfway between pleasure and mockery, reminding the unsuspecting spectator that the author — the "living being" — is still there, although she is lying down and motionless.

It is not by chance that "Candida iluminaris" is the first live piece of *Still distinguished*. This series marks an internal evolution in the project of *Piezas distinguidas*, which from then on transfers the emphasis from space to time. The brevity of the pieces was coherent in the first series with a limited conception of space as a consequence of the practical absence of movement on stage. In the following series, however, an expansion of the spatio-temporal dimensions took place, justifying the idea — already present in the origin of the project — of elaborating a unique piece of work made up of a hundred pieces to be completed over a number of years. La Ribot subverted in this way the normal spatiotemporality that belonged to the staged show in order to come closer to that of plastic art corrected by a principle of non-reversibility. Although time is compressed into each of the pieces, it is largely inexorable.

The process of expansion reached its limit in *Still distinguished* to the point that with "Zurrutada" La Ribot created a piece that even put the halt of time into action. The act consisted of drinking a litre of water during the exact time that the song of Velma "55291" lasted. At the same time, the dancer let herself progressively fall down until the point of horizontal immobility. In a different way from almost all of the other pieces in this series, which are normally made up of a moment in construction (in which the performer acts) and a time of detention (in which the spectator observes), "Zurrutada" unifies both movements — the action and the observation of immobility. It becomes in this way a visualisation of the paradox contained in the actual title itself of the series *Still distinguished*: "still" as in "even now" (duration/time) and "calm" or "motionless" (detention/space).[21]

Although the key to La Ribot's new creative approach can probably be found in "Candida iluminaris," the choreographer put into space what until then had been eminently temporal. This was done by constructing a row of miniatures that referred to the succession of the *Piezas distinguidas* created until that moment. The natural consequence is the conclusion of the process in *Panoramix*. There, the "remains" of the pieces composed over a period of ten years are exhibited as paintings on the walls of the gallery/museum in the same way as the "remains" of Manzoni's actions and so many other *plastic* artists are also exhibited. They are waiting to be recuperated in a new version for another performance, and challenge the irreversibility of time with the same humour with which, ten years earlier, La Ribot defied the old discipline of classical dance and an apparently inexistent censure.

Translated from Spanish by Lorraine Kerslake

1. Ramón Gómez de la Serna, *Ismos* (Madrid: Biblioteca Nueva, 1931). See the catalogue from the exhibition *Los Ismos de Ramón Gómez de la Serna y un apéndice circense* (Madrid: Museo Nacional Centro de Arte Reina Sofía, 2002).
2. Ramón Gómez de la Serna, "Gravedad e importancia del humorismo"("Gravity and the importance of humourism"), in *Una teoría personal del arte. Antología de textos de estética y teoría del arte*, edition by Ana Martínez-Collado (Madrid: Tecnos, 1988), p. 205.
3. Ibid.
4. Ibid., p. 206.
5. See the catalogue *Joan Brossa o les paraules son las cosas* (Barcelona: Fundación Joan Miró, 2001).
6. Victoria Combalía, "Joan Brossa y la vanguardia internacional," ("Joan Brossa and the International Vanguard") in Manuel Guerrero (ed.), *Joan Brossa o la revuelta poética* (Barcelona: Generatitat de Catalunya/Fundación Joan Brossa/Fundación Joan Miró, 2001), pp. 166-169, p. 167.
7. Ramón Gómez de la Serna, *Una teoría personal del arte*, p. 209.
8. Ibid., p. 206.
9. Esther Ferrer, *Esther Ferrer: De la acción al objeto y viceversa* (San Sebastián: Diputación Foral de Gipuzkoa), p. 68.
10. Brossa's style focuses on codes, like a play on words in second the degree. Occasionally he multiplies the appearances of a unique being, rarefying this multiplication in a rigorous game of the idea provoked by the sudden lightness of the things (Christine Buci-Blucksmann, "El teatro de las metamorfosis de Joan Brossa," in Manuel Guerrero, *Joan Brossa*, pp. 188-191, p. 189).
11. In relation with the subject of the code and levity, see José A. Sánchez, "El gran game," *Zehar*, nº 42 (Spring 2000), pp. 46-54.
12. "Irony is the art of fleeting touch," wrote Vladimir Jankélévitch in *L'Ironie*, Paris: F. Alcan, 1936.
13. It concerns short plays written by Brossa between 1966 and 1967 in which he tries to achieve a spectacular form

of poetry and wit characterised, he claims, by monotony and lack of originality. See Eduard Planas, *La poesía escénica de Joan Brossa* (Barcelona: AIET, 2002), p. 199ss.
14. 1992 was the year that the Olympic Games were celebrated in Barcelona, coinciding with the Universal Exhibition in Seville, the European capital of culture in Madrid and the commemoration of the Fifth Century of the Discovery of America. This apotheosis, which should have given Spain a new period of Renaissance, had, paradoxically, rather disastrous consequences.
15. Carles Santos, "A Brossa," in Manuel Guerrero, *Joan Brossa*, p. 322.
16. Ramón Gómez de la Serna, *Una teoría personal del arte*, p. 209.
17. Ibid., p. 204.
18. Ibid., p. 216.
19. Esther Ferrer, *De la acción al objeto y viceversa*, p. 84.
20. In the most abstract way, in *Huellas, sonidos, espacios*, Ferrer proposed to visualise (spacialise) in the memory of the spectator the framework of prints left from carrying out actions during a determined period of time (ibid., p. 58).
21. In relation with the analogy of the pieces in the third series with the genre of "still life," see Fernando Castro, "Still life: An (eccentric) approximation to La Ribot," in *La Ribot*, exhibition catalogue (Madrid: Galería Soledad Lorenzo, 2002), pp. 5-14, p. 8.

La Ribot interprétant/performing *N° 14* (n° 14), 1996. Photo: Pau Ros

SE VENDE

La Ribot interprétant/performing *Another Bloody Mary* (n° 27), 2000. Photo: Mario del Curto (detail)

Die

Another Day

Laurent Goumarre

S'il fallait quelques mots d'explication, je dirais avoir travaillé le regard que j'ai porté sur « Another Bloody Mary » et « Candida iluminaris ». Je me souviens les avoir regardés de haut, debout, mal à l'aise de penser que je pouvais « prendre de haut » la danse. Puis j'ai compris qu'en fait je me penchais, que je regardais la danse de haut, mais la tête baissée. C'est alors que m'est revenue cette phrase de Jean-Paul Montanari[1] *: « Toi et tes amis, vous êtes les fossoyeurs de la danse contemporaine. » À mes pieds, La Ribot gisait dans une flaque de sang, mais comme elle respirait très très fort, alors j'étais rassuré.*

La Ribot versus Isadora

Dernièrement, je lisais sous la plume de Bernard Rémy[2] cette phrase d'Isadora Duncan : « Je restais des heures à attendre, immobile, la naissance d'un geste », et je pensais que même approximative, même recomposée de mémoire, c'était bien là la parole d'une danseuse. Et ce jusque dans le rythme même de la phrase, sa construction grammaticale dont les éléments ne cessent d'être différés. Rejet de l'attribut du premier verbe « rester » : « immobile », stationnaire entre virgules ; puis expulsion du complément d'« attendre » en fin de parcours : « la naissance d'un geste ». Je me disais qu'on pouvait entendre la respiration d'Isadora dans ces retardements, et sa libération en fin de partie avec l'expression libératrice « la naissance d'un geste ». Quelle pose parfaite, je me disais, que ce portrait d'une danseuse en « gestation ». L'image est belle : Isadora devant son miroir, dans son studio, des heures entières passées à attendre qu'un geste naisse pour sortir de l'immobilité, qu'un geste vienne la sortir de sa propre fascination à rester ainsi immobile.

Alors la danse d'Isadora, ce serait ça : quitter l'immobilité sur un geste ? Cela revient à faire de l'immobilité la position nécessaire pour qu'un geste puisse advenir, autant dire un état intermédiaire qui ne demande qu'à être dépassé. Il y a de la jouissance, je me disais, dans cette construction de l'immobilité, comme il y en a dans la construction en suspens de la phrase et de son image ; de la jouissance à éprouver cette immobilité qu'on sait n'être que le préambule du mouvement. Isadora sait que ce n'est qu'une question de temps, d'heures s'il le faut ; il y a de la jouissance à se mettre activement en état de veille au risque de penser que, cette fois, on n'en sortira pas, qu'un geste ne viendra pas nous sauver. Il y a de cela dans l'immobilité d'Isadora, la croyance en l'arrivée d'un geste salvateur qui rendra à Duncan ce qu'elle n'a cessé de chercher partout, aux États-Unis, en Russie, partout, la Liberté.

Isadora qui reste des heures à attendre, immobile, c'est la position du guetteur qui sait pertinemment que quelque chose va se passer : si c'est un geste, elle le fera, elle saura le reconnaître pour en finir avec son immobilité. Aussi, quand elle attend la naissance d'un geste, elle le consacre déjà comme fondateur de la danse libérée. « Et maintenant que va-t-il se passer ? » se demande Isadora en position immobile. La Danse, espère Duncan.

La Ribot se situe dans une autre histoire. Ce n'est pas qu'elle vient après, jouissant *a posteriori* des avancées de son aînée ; son rapport à la danse est tout autre. Son immobilité couchée est résistance, et non promesse d'un rebond ou d'un sursaut. Isadora attendait un geste, La Ribot, couchée, immobile, est en acte et, dès lors, elle sort la danse de cette fatalité d'une mise en mouvement, identifié comme devant toujours aller de l'avant. Aller à l'assaut, c'est la position d'Isadora, portrait d'une danseuse en pionnière. Ce n'est pas celle de La Ribot qui passe — c'est moins glorieux — des minutes à attendre, immobile. Mais la gloire des légendes, ce n'est pas l'histoire de La Ribot. Pourquoi ? parce que La Ribot, immobile, n'attend rien, et surtout pas la naissance d'un geste : son immobilité est attentive en soi, elle est posture.

Position d'Isadora, posture de La Ribot ? Il faut chercher chez Gilles Deleuze l'histoire de cette distinction, repartir de la différence qu'il développe entre le conte et la nouvelle. Le conte, dit-il, serait tout entier orienté vers cette question : « Qu'est-ce qui va se passer ? » Quelque chose va se passer et le mouvement du conte est celui de la découverte — « la forme de la découverte indépendamment de ce qu'on peut découvrir »[3]. Dans la nouvelle, au contraire, quelque chose s'est déjà passé, dont on ne saura rien de plus, parce qu'on est là en rapport avec le secret — « non pas avec une matière ou un objet du secret qui serait à découvrir, mais avec la forme du secret qui reste impénétrable ». Et Deleuze d'en conclure sur leur rapport respectif au corps. Le conte met en jeu des « positions », qui sont des déploiements, des développements ; on les comprendra comme des états transitoires, qui attendent leur résolution, la manifestation que quelque chose va se passer. La position est accidentelle — un répit pour passer à autre chose —, tandis que la posture participe d'un autre mode de présence qui expose exactement le contraire : quelque chose vient de se passer, dont la posture est la forme corporelle. « La posture est un suspens inversé » qui n'attend pas d'autre résolution qu'elle-même. L'immobilité déceptive[4] de La Ribot se tient là ; « quelque chose s'est passé », et ce corps nu, couché pour quelques minutes à quelques centimètres de soi, en est le secret.

La Ribot live

La Ribot commente en dansant sa pièce « Another Bloody Mary », un micro HF fixé sur la tête (enregistrement au Centre Pompidou, octobre 2003, pour France Culture/Le Chantier).

« Bon. Je prends la perruque blonde que j'utilise dans ma première pièce distinguée, “Muriéndose la sirena”. Et je m'installe ici : “Another Bloody Mary”. Je commence par étaler toutes les choses rouges que j'ai avec moi, par terre, avec beaucoup de caresses, si on peut dire comme ça : *velvet*, du velours rouge, un rouge magnifique que j'aime beaucoup. J'étale des choses rouges, côte à côte, par terre, par exemple cette boîte qui contient toute sorte d'objets, des petits, des grands, des moyens, en plastique : des pâtés pour jouer sur la plage, un CD rouge, un programme du théâtre de Vienne que j'aime beaucoup, avec en couverture un marteau et un *lipstick*, une parodie de l'imagerie communiste, des Lego® de mon fils, un jouet en forme de cabine de téléphone de Londres. Ça, je ne sais pas comment ça s'appelle ; oui, des rouleaux pour les femmes, pour les cheveux, ça donne un peu de volume, j'aime bien. Ici, un sac en plastique de Foranida, là une robe rouge foncé et un tee-shirt rouge aussi et du linge rouge, et je pose la boîte qui donne un peu de volume, rouge aussi, elle est en carton. Quand j'arrive à ce moment-là, très très doucement, je prends la première perruque blonde, et la deuxième pour le pubis, et je me mets des talons très hauts, verts, très verts, ce sont des chaussures que ma mère m'a achetées pour le mariage de mon frère. Elles sont très chères, de la marque Mariano Ferrucino, quelque chose comme ça, et je me mets la perruque dans la figure comme cela personne ne peut me voir. Personne ne peut savoir si je suis une femme, un homme, un garçon ou n'importe quoi. Après je pose l'autre perruque plus petite sur le pubis, et personne ne peut plus me reconnaître. À ce moment-là, je me souviens toujours de la mort d'un travesti à Barcelone, tué dans un parc ; cette nouvelle dans le journal, ce fut très très violent pour moi. Et quand je suis comme cela, je me rappelle toujours de lui. Ou d'elle. Je reste là un moment, pour me concentrer, et surtout commencer à monter, monter, monter, monter le corps, allonger, allonger allonger, et je commence à monter la hanche droite, je monte, monte, plus haut, plus haut, encore beaucoup, beaucoup beaucoup, beaucoup la hanche, la hanche, la hanche, jusqu'à ce que je puisse, comment dire, la casser, comme si quelqu'un me fracassait les pieds, PAF ! alors j'ai les chaussures vertes complètement tournées contre la terre, alors je marche très mal, la jambe droite part vers la droite et je commence à faire un écarté très très très grand, je pose les mains au sol très doucement, PAF ! l'autre jambe se casse, je suis en écarté total, complètement écartée, je me couche par terre en me renversant, vers l'arrière, d'abord le bras droit, je le mets contre mon côté et je cherche la boîte rouge qui va me donner un peu de volume. Voilà, je la mets sous mon bras gauche, et j'essaie de me calmer. Si c'est possible.

« On doit maintenant voir ça : la jambe gauche est pliée, très pliée contre le torse, la jambe droite complètement partie dans l'autre sens, le corps est au milieu, le bras droit est coincé contre le corps, le gauche est bien étalé. Ça veut dire que je suis cassée et que si on me regarde d'en haut, qu'on se penche sur moi, on voit très clairement un corps détruit, et on ne saisit pas s'il s'agit du corps d'une femme, d'un garçon ou de n'importe quoi.

« Je reste ici. J'essaie de respirer vraiment. Et la musique commence. On entend la musique là ? Ça commence. La musique commence. Elle monte. Encore. La musique monte. J'ai besoin de savoir que la musique a commencé parce que d'être dans cette posture, ça m'angoisse beaucoup, je crois toujours que tout le monde est parti : parfois, j'imagine qu'il n'y a plus personne, que Yann[5] qui doit mettre la musique est parti lui aussi, et que je suis ici toute seule. Alors si je n'entends pas la musique, je m'énerve ; la musique, c'est mon repère, je sais alors que Yann est là, pour moi. Parfois, je bouge la tête un peu, ou je déplace très très doucement le corps parce que la posture est très inconfortable. Maintenant, je crois que la lumière rouge commence à monter. Ça me fait mal au dos parfois aussi. Même si je connais la musique par cœur, parfois, je crois que ça va durer trop longtemps, que je ne vais pas résister. Alors je me concentre sur ma respiration. Calme, calme. Je tiens. Je me concentre encore, je me calme.

Je tiens un peu plus ici, je tiens, comme si je devais rester ici toute ma vie. Et maintenant, je commence à bouger très très doucement, parce que je vais tout détruire, la boîte, les objets, tout, j'aime beaucoup toucher les Lego®.

Je me lève maintenant. J'enlève la perruque. Je la jette. Et puis une chaussure, l'autre, la perruque du pubis, je jette. Je me lève très très doucement pour ne pas me coincer. Je m'en vais faire une autre pièce. Je fais "Chair 2000". »

Les trois escarpins de La Ribot

De La Ribot, quelle image gardez-vous ? celle d'un corps nu ? d'une femme qui fend la foule ? une femme nue que les gens suivent dans sa déambulation ? une femme qui se couche ? une horizontale ?

— Oui, tout ça et autre chose.

— Une petite chaise pliante en bois ? un transistor ? des cartons et du scotch et des Lego® d'enfant ?

— Et autre chose.

— Des perruques ? de la lumière rouge ? autre chose ?

— Oui, trois escarpins, deux verts, un fuchsia. La Ribot, c'est aussi ça : une danseuse en escarpins, qui claudique en fuchsia pour « Candida iluminaris » avant de déposer son unique chaussure, talon vers le ciel, sur la ligne de ses objets personnels ; une créature emperruquée de partout qui se tord les pieds dans ses souliers verts et se renverse dans « Another Bloody Mary ».

Qu'en dire au risque de surinterpréter ? D'abord souligner les éléments communs aux deux situations : un accident de chaussures, un corps qui s'allonge. Puis s'autoriser de cette coïncidence pour y lire une structure qui lierait, au-delà du rationnel, l'horizontalité recherchée et la présence des escarpins. Dès lors déclarer, en un raccourci revendiqué, que les chaussures de La Ribot la portent doublement à l'immobilité, à l'horizontalité. Alors que ces accessoires devraient lui garantir quelques centimètres supplémentaires, littéralement de prendre de la hauteur, l'inverse se produit : la danseuse se dépose et reste à terre.

Certains y verront la reddition de l'idéal vertical de la danse romantique, la métaphore d'un discours de libération féministe... Pourquoi ne pas préserver la forme de ce secret, garder sa part d'ombre à l'énigme « chaussures/immobilité couchée », en imaginant qu'il s'agit là d'une nouvelle déclinaison d'une fable douloureuse qu'on nous a lue enfant, mais dont on a oublié la chute. Certaines fables sont faites pour ça, elles ont leur part d'ombre qu'on a occultée pour mieux avancer. Or un jour, on se retrouve face à une danseuse qui n'avance plus, empêchée par ses escarpins verts ou fuchsia. Ça ne change rien à la fin de l'histoire, puisqu'on l'avait oubliée. Celle de Blanche-Neige par exemple, on l'avait oubliée.

— Ce n'est pas comme pour les autres contes, un mariage et des tas d'enfants ? du vécu heureux et du « pour longtemps » ?

— Non, c'est tout autre chose que racontent au final les Frères Grimm : la mort d'une reine assassinée par ses chaussures.

« La méchante marâtre de Blanche-Neige fut elle aussi conviée au festin. Mais on avait déjà mis sur le feu des pantoufles de fer que l'on apporta avec des tenailles et déposa devant elle. Puis on la força à chausser ces souliers rougeoyants, et à danser jusqu'à ce qu'elle tombe raide morte[6]. »

Voilà ce qu'on avait contourné, rien de moins que la mort d'une femme qui danse en chaussures, rien de moins qu'une danse de mort. Mettre des chaussures à une danseuse, c'est la condamner à mort. À moins qu'ayant retenu la fable, cette danseuse renverse la malédiction et s'applique à construire son immobilité. C'est ce que produit La Ribot quand elle se couche, ou se plie à la renverse ; sa danse déceptive contrôle une horizontalité qui n'est plus le résultat d'une chute dansée à mort. La Ribot est une Reine en escarpins qui survit à la danse ; ses deux soli font échouer la tragédie, à l'instar de celui « non-dansé » de La Reine, mise en scène en 2002 par l'homme de théâtre Howard Barker dans *Le Cas Blanche-Neige* : une résistante parce que danseuse refusant le mouvement pulsionnel.

> « Le Roi. — ... La reine dansera
> La reine qui marche et danse rarement va maintenant danser
> OUI DANSER
> Et une danse
> Oh
> UNE DANSE
> Destinée à montrer à tous ceux qui voient en elle un synonyme de bienséance
> SA NATURE DÉMENTE ET INCONTRÔLABLE
> Montrez-lui les chaussures
> *(bruit des fers et des pinces)*
> Oh
> Elles brillent
> Oh comme elles brillent
> Je défie même le plus arthritique le plus récalcitrant des misanthropes de rester sans bouger dans ces chaussures-là
> ELLES VOUS FONT BONDIR
> Y a-t-il de la musique ?
> A-t-elle choisi sa gigue ?
> La Reine. — Je n'aime pas la musique
> *Un temps.*
> Le Roi. — ... Les chaussures
> Il faut que les chaussures rougeoient
> *(bruit de pinces. Le feu brûle)*
> Quant à celles-ci
> Aux talons de cuir sur lesquels vous êtes juchée
> Étonnez-nous
> Applaudissons la manière dont vous êtes perchée sur l'une vous ôtez l'autre d'un léger et si familier mouvement du pouce
> *(la reine marche, s'arrête, fait tomber une chaussure)*
> Oui
> Oui
> *(il commence à applaudir spontanément)*
> C'est tellement bien fait.
> ELLE EST EN ÉQUILIBRE
> OH AIMEZ-LÀ JE L'AIME
> LE FER MAINTENANT
> LA CHAUSSURE EN FER [...]
> ELLE NE DANSE PAS [...]
> ELLE NE DANSE TOUJOURS PAS
> *Silence à part le bruit des talons des chaussures de fer de la Reine sur les dalles de pierre. Ils retentissent. Ils avancent à pas mesurés. On entend sa respiration.* »

Alors on se repose la question : de La Ribot, quelle image garderez-vous ?
— Pas une image, mais autre chose : le bruit de sa respiration dans les dernières minutes de « Candida iluminaris ». L'indice ultime pour préserver l'énigme d'une danseuse couchée, qui ne meurt pas.

Déposition de La Ribot

Au fond, qu'est-ce qu'elle fait La Ribot quand elle aligne sur le sol une série de choses, quand elle étale sur le plateau une flaque d'objets, si ce n'est s'aménager un espace où pouvoir ensuite se coucher ? Elle dispose sur scène systématiquement des objets, des trucs de rien, sans valeur marchande, valeur sentimentale peut-être, comme cette poupée qu'une amie d'enfance lui aurait faite à son effigie, ou une tresse de ses cheveux, ou ces Lego® qui appartiennent à son fils, des escarpins verts que sa mère lui a offerts pour le mariage de son frère. Bref, La Ribot distribue les indices de ses histoires personnelles, dont la fonction essentielle est de la rattacher au sol en tissant un lien affectif entre elle et le plateau. Ce sont des trucs un peu cassés, des bouts de bout de carton, des bouts de rien, fanés, un peu moches, des trucs dont on se serait débarrassé, mais qu'elle a gardés. Les années ont passé, ces objets sont restés, et puis, un jour, ils sont disposés à même le sol comme au marché aux puces, sur le plateau du Théâtre de la Ville, dans une salle de la Tate Modern...

Qu'est-ce qui pousse La Ribot à déposer ses objets fétiches sur les plateaux ? Peut-être l'histoire de la danse. Parce qu'elle sait intimement qu'il est nécessaire à la danse d'apprivoiser le sol qui va la recevoir. Le théâtre n'a pas les mêmes préoccupations, lui qui a reçu le plateau en héritage, telle une donnée de base qu'il peut se contenter de gérer sans s'en inquiéter après l'avoir creusé, pendant des siècles, de souterrains et autres trappes. Parce qu'il a l'assurance du propriétaire, il peut en travailler la profondeur, alors que la danse nomade, elle, reste à la surface. Leurs mouvements s'opposent : forage pour le premier, superficialité pour la seconde. Si la danse a une histoire, elle raconte la quête d'une surface où poser les pieds, et le reste.

Alors La Ribot distribue précautionneusement ses objets, les aligne pour « Candida iluminaris », les étale dans « Another Bloody Mary », comme autant de rituels pour approcher le sol, éprouver la stabilité de sa réception. Elle n'est pas la seule à faire cela. Je pense à Raimund Hoghe, qui prend le temps de déposer les bouts de sa vie systématiquement au sol : une photographie de sa mère, le nom de ses amis disparus, des balles blanches, des bougies, avant de faire reposer son corps... C'est la nécessité de la danse de se faire une place qui s'éprouve là ; une fois que tout a bien été aligné, étalé, disposé et, à cette seule condition, La Ribot peut y aller de son corps. Cette déposition finale n'est possible que parce que la danseuse fétichiste a pris le temps de distribuer au sol les objets qui la représentent. Car s'il y a de la représentation dans ce travail, elle est là, dans la valeur indicielle de ces trucs alignés à espaces réguliers, du plus petit au plus grand, ou étalés en une flaque rouge pour accueillir son corps. La déposition finale est l'événement des deux pièces : son corps allongé comme une suite logique dans un ordre de grandeur ; un corps exhibé pour faire l'image et dramatiser l'installation plastique.

Soit le besoin vital de rejouer de pièce en pièce — puisque rien n'est jamais acquis — un des gestes fondateurs de la danse : produire les conditions nécessaires à son emplacement, autrement dit, faire un acte de sa déposition.

Une poupée disparaît

Être au monde ? La Ribot conçoit cela sur le mode de la fragmentation. Fragmenter le plus possible, utiliser les objets les plus petits, une poupée à son effigie, une barrette, un minuscule sapin... et répandre cette multiplication au sol. Aucune agressivité dans cet aménagement du plateau, travaillé en pointillé dans « Candida iluminaris », où La Ribot veille justement à ménager des espaces entre chaque chose. Car il ne s'agit pas ici de recouvrir, mais de « s'espacer ».

La danse n'a pas de lieu consacré ; aussi lui faut-il le gagner, sans pour autant reproduire comme ailleurs des stratégies d'annexion. Le mouvement de la danse telle que la pratique La Ribot est de « gagner de l'espace ». L'occuper, le recouvrir, ce n'est pas son histoire, ça ne motive pas ses actes : elle n'est pas héroïne chez Jan Fabre, elle ne casse pas comme Els Deceukelier des centaines de tasses en porcelaine jusqu'à rendre la scène impraticable[7], parce qu'après moi plus rien. Au contraire, elle atomise ses petits objets de rien pour mieux les perdre ; son geste est celui de la dispersion.

L'aménagement du plateau est de cet ordre : la dispersion, au risque de la perte, avec un dispositif qui avoue son extrême fragilité. « Candida iluminaris » est une des pièces les plus vulnérables qui soient, quand La Ribot abandonne derrière elle ses objets et effets personnels pour finalement se retrouver nue, couchée, au milieu d'une centaine d'inconnus. À la regarder respirer à quelques mètres de soi, on comprend qu'il suffit d'un rien pour que sa victoire lui soit reprise.

Et c'est ce qui ne manque pas de se produire ; il arrive que des objets disparaissent, qu'un spectateur se découvre fétichiste et glisse dans sa poche un petit truc qui a été semé. L'histoire de cette pièce distinguée passe par là : la disparition de la poupée, le vol de la tresse de cheveux ou d'une petite poule en plastique... Parce que rien n'est jamais fixé, seulement déposé, tout peut disparaître ; comme la danse, se prend-on à penser en faisant jouer pour une fois la métaphore.

Alors, en place et lieu de l'objet manquant, La Ribot dépose un morceau de carton sur lequel elle a écrit le nom du disparu, le lieu du crime, la date. Dernièrement, on a vu que les morceaux de carton étaient plus nombreux, comme autant de stigmates. Quelques bouts de carton pour marquer doucement la disparition, sans ostentation, juste des petits mots pour signaler que là, avant, il y avait quelque chose, que cette chose a été perdue, que cela pourrait arriver à chacun des autres objets, qu'un jour tout aura disparu, que ce jour-là La Ribot n'alignera que des morceaux de carton. Aura-t-elle encore la force, ce jour-là, de déposer son corps ?

Die Another Day

Mais que regarde Georges Didi-Huberman quand il aligne les corps allongés des nymphes dans son histoire du drapé tombé *Ninfa Moderna*[8] ? Des corps nus de femme ? une chute progressive ? le mouvement des drapés qui recouvrent les corps et finissent seuls au bas du tableau, à l'origine d'une esthétique de l'informe ? Sans doute tout à la fois, même s'il s'abandonne lui aussi à ce glissement progressif en finissant par se focaliser sur le drapé abandonné, interprété comme la fatalité de ces corps qui n'ont cessé de glisser de tableau en tableau jusqu'à l'horizontalité. Ce qui intéresse Didi-Huberman, c'est ce qui reste quand tout est tombé puisque le corps des femmes a fini par s'effondrer. Ce qu'il regarde, c'est le résidu, les plis de la mort en somme : des tissus par terre identifiés comme la marque d'un déclin, ou de « cette façon particulière qu'ont les choses aimées de choir vers le sol ». La chute des nymphes seraient une histoire de deuil du désir qui ne peut que s'exaspérer devant ces robes chiffonnées, vides de corps.

Et nous, que regardons-nous ? Y voyons-nous aussi une chute ? une déclinaison ? une perte ? Un corps qui penche vers l'horizontalité est-il un corps qui tombe ? Pas nécessairement. Qu'on nous permette, du moins, de comprendre ce mouvement comme une inclinaison, d'être sensible au temps que prend le corps des nymphes pour glisser ainsi de tableau en tableau, jusqu'à l'horizontalité la plus nue : *Vénus* de Piero de Cosimo (1505), *Bacchanale* du Titien (1518-1519), *Vénus* de Giorgone et Titien (1509), puis sa *Vénus d'Urbin* (1538), les horizontales libertines de Boucher, *La Naissance du monde* de Courbet et puis *Olympia* de Manet,

Le Drame de la rue X d'Adolphe-Frédéric Lejeune (1889)... Puis les corps disparaissent, la nymphe s'évanouit, et Georges Didi-Huberman regarde ce qu'il en reste, des drapés épuisés qui glissent vers l'informe jusque dans la photographie. Après s'être allongée au début des années 1980 dans des formats en largeur parodiant les filles de *Penthouse* sur double page, Cindy Sherman se décompose dans des matières, comme dissoute par l'action chimique de sa propre photographie.

Nous, nous portons notre regard ailleurs, parce que la danse va réactiver le corpus iconographique de cette inclinaison et, de fait, révéler une autre interprétation du mouvement. Ce n'est qu'une question de temps : Vera Mantero prend la pose d'Olympia dans un solo éponyme[9], La Ribot ouvre *Más distinguidas* en 1997 avec « Sin título IV » : son corps allongé sur le côté présenté de dos devant un miroir tondo qui en révèle la face cachée au hasard de sa course latérale. C'était encore le siècle dernier, il faut attendre *Still Distinguished* pour que « Another Bloody Mary » raconte la face cachée de ce clinamen : La Ribot ne chute pas, elle se couche. La Ribot se casse un pied, écarte et plie les jambes, se renverse lentement pour se déposer dans une flaque d'objets rouges. Ce corps nu, allongé à terre, n'est pas tombé, n'a pas plongé ni ne s'est effondré sous son poids. Il s'est contrôlé, arc-bouté dans une infinie lenteur, tout entier douloureusement tendu vers son horizontalité. Il y a de la violence à se coucher ainsi. Ça ne se fait pas sans drame, il a même fallu installer la mare de sang ; la danse ne touche pas au sol sans en payer le prix.

Si la danse chute parfois, tombe et rebondit, se jette à terre ou plonge comme chez Wim Vandekeybus, chez Jan Fabre, c'est que, paradoxalement, elle se pense invincible. Tomber en danse est faire acte de puissance. On ne chute que lorsqu'on sait que le sol est là pour vous soutenir. La chute n'est pas un mouvement de défaite mais un acte de propriétaire. Elle n'est pas dansée, ou alors il faut la décevoir pour qu'elle retrouve le mouvement de la danse, comme Vera Mantero dans son *Olympia*, qui, certes, tombe de son lit, mais dérobe sa chute à notre regard avec un passage au noir. Vera Mantero s'effondre mais sa chute est la part absente de sa danse : un mouvement suspendu, dérobé, un mouvement déceptif. On plonge glorieusement chez Vandekeybus, on tombe volontiers chez Jan Fabre, parce qu'on pense sa danse comme au théâtre, parce qu'on est sûr de son plateau. Tomber, oui volontiers, si on est supporté. Mais les corps nus de Vera, de La Ribot ne sont assurés de rien. Chuter, c'est peut-être voir le sol se dérober. Aussi dans « Another Bloody Mary », puis dans « Candida iluminaris », La Ribot va-t-elle souligner systématiquement l'horizontalité de son support en tant qu'élément essentiel de son processus de travail. Chute déceptive de Vera Mantero, passage au sol étiré par La Ribot ; l'une cache, l'autre montre tout, parce que dans les deux cas la danse s'est réappropriée l'histoire de ces corps de femmes. Une histoire qui fascine tant Georges Didi-Huberman qu'il finit par s'abîmer dans le spectacle romantique de leur disparition. Comment lui en vouloir alors même que la danse a longtemps reproduit les conditions de cette tragédie ? Malédiction de ces danseuses qui chutent. On pense à Giselle, emblématique de la danse sacrifiée pour avoir touché le sol de tout son corps allongé. Giselle, c'est avant tout l'arrivée historique et radicalisée des pointes dans le ballet classique, ou comment tenir le moins de place possible sur un plateau, ou comment juste poser la pointe du pied au sol, et encore en pointillé, passant sans cesse d'un pied à l'autre. Or l'héroïne de Théophile Gautier n'est pas à la hauteur du concept, elle est malade, folle et, dès le premier acte, elle s'effondre de tout son long sur le plateau. C'en est fini, elle a commis l'irréparable de la danse, elle peut bien se relever, elle tombera encore, et en mourra : fin du premier acte, du jamais vu. C'est ça faire l'épreuve du sol en danse : mourir au premier acte.

Mais La Ribot ne tombe pas ; elle installe le plateau, dispose des objets rouges et se couche. C'est douloureux, la posture grand écart est difficile à tenir ; c'est un peu effrayant aussi, car elle ne voit rien sous sa perruque. Elle se souvient de Vera qui aveugle ses spectateurs, elle se dit que, cette fois, c'est la danse qui ne voit rien, qu'il est toujours question dans cette histoire de priver le regard. Elle se dit que, décidément, être au sol est toujours éprouvant pour une danseuse ; elle sait qu'elle transgresse un interdit, qu'elle réécrit l'histoire et que, si elle tient dans sa posture, c'est parce qu'elle sait maintenant qu'elle ne mourra pas au premier acte : sous sa perruque blonde auréolée d'une gloire de sang plastifiée, elle fait un acte de sa mort.

1. Directeur du festival Montpellier Danse.
2. Responsable de la communication, de la pédagogie et de la diffusion culturelle en région à la Cinémathèque de la danse à Paris.
3. Gilles Deleuze, Felix Guattari, « Trois nouvelles ou "qu'est-ce qui s'est passé ?" », in *Mille Plateaux*, Paris : Éditions de Minuit, 1980. Les citations suivantes de Gilles Deleuze sont tirées du même ouvrage.
4. Par danse déceptive, on entend une pratique dynamique (qui n'a rien de décevant) à l'adresse du spectateur, non pas dans une volonté de mettre en échec la critique ou de dénier le jugement, mais de problématiser sa place et son regard dictés par ses attentes quant aux présupposés de la danse.
5. Le performer Yann Marussich assure parfois la technique de la pièce de Maria La Ribot.
6. Extrait de *Le Cas Blanche-Neige (comment le savoir vient aux jeunes filles)* de Howard Barker, in *Œuvres choisies, vol. IV*, traduction d'Elizabeth Angel-Perez et Jean-Michel Desprats, Paris: éditions Théâtrales, 2003.
7. *Une femme normale-à-en-mourir*, 1995.
8. Georges Didi-Huberman, *Ninfa moderna : essai sur le drapé tombé*, Paris : Gallimard, 2002.
9. Solo de la danseuse portugaise Vera Mantero, créé en 1993.

Die Another Day

Laurent Goumarre

If I were to provide an explanation, I would say that I have worked on the point of view I took concerning "Another Bloody Mary" and "Candida iluminaris." I remember standing and watching these performances from above, and feeling uncomfortable with the idea that I could "look down on" dance. Then I realised that I was, in fact, leaning over, that I was watching the dance from above, but with my head lowered. That's when I recalled the remark by Jean-Paul Montanari's:[1] "You and your friends have buried contemporary dance." La Ribot lay in a pool of blood at my feet, but since she was breathing heavily, I felt reassured.

La Ribot versus Isadora

Recently, I read a quote from Isadora Duncan that had been paraphrased by Bernard Rémy:[2] "I would wait for hours, motionless, waiting for the emergence of a gesture," and I thought, even if only approximately and recalled from memory, these were the words of a dancer. We can hear that in the very rhythm of the sentence and its grammatical construction, in which elements are continuously deferred. It is heard in the postponement of the complement of the first verb "to wait" — "motionless," immobile between two commas. And it is heard in the shifting of the object of "waiting for" to the very end — "the emergence of a gesture." I felt that one could hear Isadora's breath in these "deferments," and in her release at the end with the liberating expression, "emergence of a gesture." What a perfect pose, I thought, this portrait of a dancer in "gestation." It is a beautiful image: Isadora in front of her mirror in her studio, spending hours on end waiting for a particular motion to come to life; waiting to break the immobility, and emerge from her fascination with stasis.

So is this what Isadora's dance is about: overcoming immobility by means of a gesture? Immobility would thus be seen as a necessary position in order for such a gesture to arise, an intermediate state that demands only to be transcended. It struck me that there is a sense of pleasure in this construction of immobility, as there is in the inherent suspense of the sentence structure and the image it evokes. There is a delight in experiencing this state, which we know is but a prelude to motion. Isadora knows that it is only a question of time — of hours — if necessary. There is a pleasure in actively putting oneself on hold, with the risk that this time one might not come out of it; that motion may not come to the rescue. We observe this in Duncan's motionlessness, a belief in the arrival of a saving gesture that will bring her what she has never ceased searching for, in the United States, in Russia, and everywhere: Freedom.

Isadora waiting motionless is like a sentry on guard who knows full well that something is about to happen. If this is a movement, she will make it; she will be able to acknowledge it, and thus bring an end to her immobility. By waiting for the "birth" of a movement, she establishes it as a founding principle of "free dance." Isadora wonders, "what will happen now?" Dance, she hopes.

La Ribot belongs to another story. It is not so much that she comes afterwards, having fully embraced the legacy of her predecessor, but that her relationship to dance is altogether different. Her recumbent immobility expresses resistance rather than the promise of a release or a jump. Whereas Isadora waited for a gesture, La Ribot is active in the fullest sense of the word, and thereby frees dance from its fate of being set in motion and defined as always having to move forward. Isadora's approach is that of attack, a portrait of the dancer as a pioneer. Not so for La Ribot, who spends — a little less gloriously — just a few minutes waiting, immobile. La Ribot's story, however, is not tied up in the glory of legends. And why not? La Ribot, motionless, is not waiting *for* anything, especially not for the "birth" of motion. Her immobility is attentive *per se*; it is a posture in itself.

The *position* of Isadora versus the *posture* of La Ribot? To understand this distinction, we must refer to Gilles Deleuze and the comparison he develops between a tale and a short story. The tale, he argues, is entirely oriented towards the question: "What is going to happen?" Something is going to happen, and the central thrust, or *movement*, of the tale is that of discovery, "the form of discovery independent of what one might discover."[3] In the short story, however, something has already happened, about which we will know nothing further, because we ourselves are actively involved in its secret — "not with the content or object of the secret to be discovered, but with the form of the secret, which remains impenetrable." This brings Deleuze to the analysis of their respective relationships to the body. The tale employs "positions," which are unfolding elements, or developments, that we perceive as transitory states awaiting resolution, and which are signs that something will happen. A position is accidental — marking a break before moving onto something else — whereas a posture partakes of a different kind of presence and reveals the exact opposite. Something has just happened, and the posture is its physical form. "Posture is inverted suspense," and expects no other resolution than itself. This applies to La Ribot's *deceptive* immobility:[4] "something has happened," and this naked body, lying momentarily on the floor just a few centimetres in front of us, is its secret.

La Ribot live

With an HF microphone fixed to her head, La Ribot provides commentary while dancing her piece "Another Bloody Mary" (recorded at the Centre Georges Pompidou in October 2003, for France Culture/Le Chantier).

"OK. I take the blond wig that I used in my first distinguished piece, 'Muriéndose la sirena'. I take my place here for 'Another Bloody Mary'. I begin by spreading out over the floor all the red things that I have with me, with a lot of caresses, if you can say that: red velvet, a magnificent red that I like very much. I spread out these red things, side by side, on the floor, like this box that contains all sorts of plastic objects, big, small, medium-sized, sand moulds for playing at the beach, a red CD, a theatre programme from Vienna that I'm very fond of, with a cover showing a hammer and lipstick (a parody of communist imagery), my son's Lego® and a toy in the shape of a London telephone box. I'm not sure what these are called, oh yes, rollers for women, for their hair, to give a bit of volume. I like these very much. Here is a plastic bag from Foranida; here is a dark red dress and a red T-shirt and some red linen; and now I'm positioning the box that gives a bit of volume, also red, made of cardboard. When I get to this point, I very, very slowly take the first blond wig, and the second for my pubis, and I put on very high heels, green, bright green, shoes that my mother bought me for my brother's wedding. They were very expensive, Mariano Ferrucino or something like that, and I place the wig in front of my face so that no one can see me. Nobody will know if I'm a woman, a man, a boy or whatever. After that, I place the other smaller wig on my pubis, and nobody will recognise me. At this point, I always remember the death of a transvestite in Barcelona, killed in a park. I found the news about it in the paper very, very shocking. And when I'm like this, I always think of him. Or her. I stay here a moment, to centre myself and, above all, to raise, raise, raise, raise my body, and to stretch, stretch, stretch out, and I start to raise my right hip. I raise it, raise it, higher, even higher, more, more, more, my hip even more, my hip, my hip, my hip, until I can, how should I put it, break it, as if someone shattered my feet, CRACK! Now my green shoes are completely twisted towards the floor; so it's very difficult to walk. My right leg slides off to the right, and I do a split, very, very, very wide. I put my hands on the floor very gently, and SNAP! The other leg breaks. I am completely spread out; and I lie down on the floor while bending backwards, touching first with my right arm, which I hold against my side as I search for the red box that will give me a little volume. Here it is. So I place it under my left arm and try to calm down. If that's possible.

This is what we should see now: my left leg is bent up, tight against my chest; my right leg is splayed out in the other direction, with my body in the centre; my right arm wedged against my body and my left arm stretched out. This means that I am broken, and if someone looked at me from above, or leaned over me, they'd see, very clearly, a destroyed body — without discerning whether it is the body of a woman, a boy or whatever.

I remain here. I try to breathe normally. And the music begins. Can you hear the music? Here it comes. The music begins. It's getting louder and louder. The music is getting even louder. I need to know that the music has started because being in this posture is very uncomfortable for me. I always think that everyone has left. Sometimes I imagine that there's nobody here, that Yann[5], who is supposed to put on the music, is also gone; and I'm left all alone. So, if I don't hear the music, I start to get very edgy. The music is my point of reference; when I hear it, I know that Yann is there for me. Sometimes I turn my head a little, or I move my body very, very slowly because this posture is extremely uncomfortable. Now, I think the red light is intensifying. Sometimes my back starts to ache too. Even though I know the music by heart, at times I think it will go on too long, and that I won't be able to hold out. So i concentrate on my breathing. Calm down, calm down. I hold on. I concentrate harder; I calm down. I hold on a little more, I hold it, as if I had to stay here for the rest of my life. Now I begin to move very, very slowly, because I'm going to destroy everything: the box, the objects, all of it. I really enjoy touching the Lego®.

Now I'm getting up. I take off the wig. I throw it away; then one shoe; then the other; then the wig on my pubis. I toss them all away. I raise myself very, very carefully so I don't injure myself. Now I'm off to do another piece. I'm going to do 'Chair 2000'."

La Ribot's three dancing shoes

What image of La Ribot stays in your mind? A nude body? A woman who pushes her way through the crowd? A naked woman whom people follow as she wanders? A woman who lies down? A horizontal woman?

— Yes, all that, and other things too.

— A small foldable wooden chair? A transistor radio? Cardboard boxes, and whisky, and children's Lego®?

— And something else.

— Wigs? Red light? Anything else?

— Yes. Three shoes, two green, one fuchsia-coloured. This is also part of La Ribot — a dancer in high heels, who limps about in fuchsia in "Candida iluminaris" before placing her only shoe, stiletto heel towards the sky, in line with her personal objects; or a creature covered in wigs, who twists her feet in her green shoes and bends over backwards in "Another Bloody Mary".

So what can we infer from this at the risk of over-interpretation? First, we could highlight the common elements in the two situations: a shoe "accident" and a body on the ground. Then, we could venture to observe an underlying structure in this coincidence, which links, beyond the rational, the desired horizontality with the presence of the shoes. Thus, for the sake of brevity, we can claim that La Ribot's shoes lead her to both immobility and horizontality. Although these accessories should guarantee her a few extra centimetres, literally raising her up, the opposite happens. The dancer lies down and remains on the floor.

Some would interpret this as the surrender of the vertical ideal of romantic dance, the metaphor of a feminist liberation discourse. Why not preserve the form of this secret? Why not retain the dark side of the "shoes/recumbent immobility" enigma, while imagining it as a new denouement to the distressing folk tales read to us as children, but whose ending has been forgotten. Some tales have that as their purpose, complete with their own share of the darkness, which we have blocked out in order to progress. Then one day we are confronted with a dancer who no longer moves; who is prevented from doing so by her green or pink shoes. That changes nothing at the end of the story, because we had forgotten it anyhow. The end of Snow White, for example, we have forgotten.

— But isn't it just like all other fairy tales, ending with a wedding and lots of children running about happily ever after?

— No. the Grimm Brothers' tale tells another story, that of the death of a queen murdered by her shoes.

"Snow White's wicked step-mother was also invited to the banquet. But they had already put iron slippers over a fire, and brought them to her with tongs. Then she was forced to put on the red-hot slippers and to dance until she dropped dead."[6]

This is what we have circumvented — nothing less than the death of a woman dancing in her shoes and nothing less than a dance of death. Putting shoes on a dancer is to condemn her to death. At least having remembered the tale, the dancer can break the curse and focus on constructing her immobility. This is what La Ribot does when she lies down, or bends over backwards. Her deceptive dance controls a horizontality, which is no longer the result of a danced fall to death. La Ribot is a Queen in dancing shoes who survives the dance. Her two solo pieces foil the tragedy, just like the "non-danced" solo of the Queen staged by the dramatist Howard Barker in 2002 in *The Snow White Case*. She is a resistance fighter, because she is a dancer refusing the impulse to move.

"The King. — ... The Queen will dance
The Queen, who rarely walks or dances, will now dance
YES, DANCE
And a dance
Oh
A DANCE
Intended to show all those who consider her a synonym of decorum
HER INSANE AND UNCONTROLLABLE NATURE
Show her the shoes
(The sound of irons and tongs)
Oh
They are glowing
Oh, how they glow
I dare even the most arthritic, the most recalcitrant of misanthropists to stay still with those shoes on
THEY WILL MAKE YOU JUMP
Is there any music?
Has she chosen her jig?
The Queen. — I don't like the music
A beat.
The King. — ... The shoes
The shoes must be red-hot
(The sound of tongs. The fire burns.)
As for these
With leather heels, on which you are perched
Surprise us
Let us applaud the way you teeter on one shoe while you remove the other with a light and ever so familiar flick of your thumb
(The queen walks, stops, drops a shoe)
Yes
Yes
(He breaks into spontaneous applause)
It is so well done
SHE IS KEEPING HER BALANCE
OH, LOVE HER, I LOVE HER
NOW FOR THE IRON
THE IRON SHOE [...]
SHE IS NOT DANCING [...]
SHE IS STILL NOT DANCING
Silence, apart from the sound of the heels of the Queen's iron shoes on the stone floor. Their sound reverberates. They move forward in measured steps. We hear her breathing."

So let us ask the question once again. What image of La Ribot will stay in your mind?
— Not an image, but something else: the sound of her breathing during the last moments of "Candida iluminaris". The final clue to preserving the enigma of the recumbent dancer who does not die.

Deposition of La Ribot

What then is La Ribot really doing when she lines up a series of objects on the floor? What is she doing when she spreads out a pool of objects on the stage if it is not to create a space where she can then lie down? She systematically arranges objects, bits and pieces of no commercial — but perhaps sentimental — value on stage, such as a doll made in effigy of her by a childhood friend, or a braid of her hair, or her son's Lego®, or the green pumps her mother bought her for her brother's wedding. La Ribot, in short, is displaying articles from her personal life, whose essential function is to connect her to the floor while creating an emotional bond between her and the stage. These are slightly battered, faded odds and ends, scraps of cardboard, not much to look at, things that we ourselves might have discarded, but which she kept. The years passed, the objects endured; and then one day they are spread out on the ground like at a flea market — on the stage at the Théâtre de la Ville, or in a room at The Tate Modern...

What drives La Ribot to display, or deposit, her fetishes on stage? Perhaps it is the history of dance. For she knows intimately that dance must domesticate the floor that is going to accommodate it. Theatre does not share the same preoccupations, for it has inherited the stage. This fundamental fact allows the theatre to carry on without worry after having dug out over the centuries underground passages and pits. Because theatre has the assurance of ownership, it can exploit its full depth, while a more nomadic activity like dance must remain on the surface. Their movements are diametrically opposed: digging deeper for the first; remaining superficial for the second. If dance has a history, it relates the search for a surface to accommodate the dancer's feet, and the rest of her body.

Hence, La Ribot carefully distributes her objects, lining them up for "Candida iluminaris", spreading them out in "Another Bloody Mary", like so many rituals for approaching the ground and testing the stability of what will accommodate her. She is not alone in doing so. I think of Raimund Hoghe, who methodically deposits fragments from his life on the floor: a photograph of his mother, the names of dead friends, white balls, candles, before lying down... It is dance's essential need to create a space for itself that is being tested. Once everything is properly lined up, spread out, arranged — and only if this condition is met — La Ribot can proceed with her body. This final act of *deposition* is only possible because the fetishistic dancer has taken the time to spread over the floor the objects that represent her. For if there is any representation in this work, it is here in the indicative value of things lined up at regular intervals, from smallest to biggest, or spread out in a red pool ready to receive her body. La Ribot lying down as part of the objects is the key event in these two pieces: her recumbent figure follows logically the sequence of ascending size; a body exhibited so as to render an image and to dramatise the "plastic" installation.

It expresses the vital need to revisit from one piece to another — granting that nothing is ever fully resolved — one of the founding gestures of dance: to create the necessary conditions for its own location, or, in other words, to make an act of its own "deposition."

A doll disappears

To exist in the world? La Ribot interprets this in terms of fragmentation. To exist in the world is to "fragment" as much as possible, to use the smallest objects, such as a doll in effigy of herself, a hairclip, a tiny pine tree... and to spread this proliferation of her existence over the ground. There is no aggressiveness in the arrangement on the stage. It is worked out in a stippled design in "Candida iluminaris", in which La Ribot is attentive even to the spaces between each article. For here, it is not a matter of covering up, but of "opening out."

Dance has no sacred setting; it must even earn its place without turning, as done elsewhere, to strategies of appropriation. The movement of dance practised by La Ribot is that of "creating space." She is not concerned with occupying it or containing it. She is no hero of Jan Fabre. She does not break hundreds of porcelain cups like Els Deceukelier in order to render the scene unworkable[7] because "after me, there is nothing." On the contrary, she atomizes her worthless little belongings in order to lose them more easily. Her gesture is that of dispersion.

The arrangement on the stage is as follows: dispersion, with the risk of loss, as a device that acknowledges its own extreme fragility. "Candida iluminaris" is one of the most vulnerable pieces imaginable, in which La Ribot abandons her personal effects and finally deposits her naked body before hundreds of strangers. Watching her breathe just a few metres away makes one realize how little it would take for her victory to be snatched from her.

And that is exactly what happens. Objects do indeed disappear as a spectator one day discovers his fetish for one of the small objects scattered about and pockets it. This is all part of this distinguished piece: the loss of a doll, the theft of a braid of hair or a small plastic chicken... Since nothing is ever fixed to the floor but simply "deposited," anything can disappear; just like dance, we might argue, to stretch the metaphor a little.

In place of the missing object, La Ribot adds a piece of cardboard on which she has written its name, the scene of the crime and the date. Lately, we have noticed more and more pieces of cardboard appearing like so many stigmata. A few unpretentious scraps of cardboard gently note the disappearance; just a few words to indicate that once there was an object there and that it has been lost, something that could happen to any of the objects; that one day everything will be gone; and on that day, La Ribot will deposit only pieces of cardboard. Will she still have the force then to lie down and include her own body among them?

Die Another Day

What does Georges Didi-Huberman see when he aligns the recumbent figures of nymphs in his study of a falling robe, entitled *Ninfa Moderna*?[8] Is it women's naked bodies? Is it a gradual fall? Is it the movement of the robes covering the bodies, which end up abandoned at the bottom of the painting, thus creating an image of an aesthetic formlessness? Undoubtedly he sees all that at the same time, even if Didi-Huberman abandons himself to the progressive fall to focus his attention ultimately on the abandoned robe, interpreted as the fate of bodies that are forever slipping from painting to painting to the point of horizontality. What remains after everything has fallen away interests Didi-Huberman, since the female body has fallen apart. What he sees is the residue — the fold of death. The fabric on the ground is identified as a sign of decline, or of "the particular way things we love have of falling to the ground." The fall of the nymphs is a story of the mourning of desire, which can only be exacerbated by the torn robes, emptied of their bodies.

As for us, what do we see here? Do we also see this as a fall? A decline? A loss? Is a body that inclines towards horizontality a falling body? Not necessarily. We can understand the movement as an *inclination*, and appreciate the time it took for the nymph's bodies to slip from painting to painting to the point of naked horizontality: *Venus* by Piero de Cosimo (1505), *Bacchanal of the Andrians* by Titian (1518-1519), *Venus* by Giorgione and Titian (1509), then the latter's *Venus of Urbino* (1538), the horizontal libertines of Boucher, *The Origin of the World* by Courbet and then *Olympia* by Manet and *Le Drame de la rue X* by Adolphe-Frédéric Lejeune (1889), and so on. Then the bodies disappear altogether. The nymph faints, and Georges Didi-Huberman looks at what remains — the worn-out robes that drift towards formlessness from the age of painting to the age of photography. After posing in the early eighties in positions that parodied Penthouse fold-outs, Cindy Sherman "decomposes" herself in a material sense, as if dissolved by the chemical action of her own photographic process.

But our gaze is directed elsewhere, because dance will reactivate the iconographic corpus of this inclination, and thus reveal another interpretation of motion. It is only a question of time. Vera Mantero strikes the pose of Olympia in a solo performance of the same name.[9] La Ribot opens *Más distinguidas* in 1997 with "Sin título IV" seen from behind lying on her side. She faces a round mirror that exposes the front of her body, hidden from view by her position. That was during the last century, and we must wait for *Still distinguished* before "Another Bloody Mary" can relate the hidden side of this biased perspective. La Ribot does not fall; she deposits herself. La Ribot breaks her foot, widens and bends up her legs, slowly leaning backwards to position herself within the mess of red objects. Her naked body stretched out on the floor has neither fallen, nor plunged, nor collapsed under its own weight. Fully in control, it has braced itself in its infinite slowness, fully and painfully twisting towards its own horizontality. There is a violent aspect to lying down in this way. It does not happen without drama; it was even necessary to install the pool of blood. Dance does not touch the ground without paying a price.

If dance sometimes falls, crashes and rebounds, or throws the dancer to the ground, or sends her into a dive, as in the case of Wim Vandekeybus or Jan Fabre, that is because, paradoxically, dance considers itself to be invincible. Falling in dance is an affirmation of power. We only fall if we know that the floor is there to support us. Falling is not a gesture of defeat, but an act of control. It is not danced; and if it is, it must be done in a way that recovers the true movement of dance, like Vera Mantero in *Olympia*. She certainly falls out of bed, but conceals it from view by disappearing into darkness. Vera Mantero collapses, but her fall is conspicuously absent from her dance. It is a suspended and concealed movement, a movement that is *deceptive*. Vandekeybus dives magnificently. Jan Fabre falls deliberately. We think of their dance as we think of the theatre, because we are aware of the stage. Fall, yes, gladly, when support can be expected. The naked bodies of Vera and La Ribot, however, can have no such expectations. Falling is perhaps like seeing the ground give way. In "Another Bloody Mary", and then in "Candida iluminaris", La Ribot systematically emphasises the horizontality of her support as an essential element of her work. The deceptive fall of Vera Mantero hides everything while the prolonged descent to the floor by La Ribot reveals everything, for in both cases dance has reclaimed the story of the female body. That story so fascinates Georges Didi-Huberman that he ends up losing himself in the romantic spectacle of its disappearance. How can we hold that against him when dance has for so long reconstituted the conditions of that tragedy? The curse of the falling dancer... One thinks of Giselle, the emblem of dance, who was sacrificed for having covered the floor with her entire body. Giselle represents, above all, the historic and radical arrival of point shoes in classical ballet, or how to occupy the least amount of space on stage, or how to touch the floor with only the tips of one's toes, or how to move continuously on points from one foot to the other. Théophile Gautier's heroine, however, cannot live up to the idea. She is ill, insane; and right from the beginning, she collapses all over the stage. That's the end of it. She has committed the unforgivable in dance. She can get up, but she will fall again and thus die: end of the first act as never ever seen before. This is what challenging the floor in dance is all about — dying in the first act.

La Ribot, however, does not fall. She sets the stage, arranges her red objects and lies down. It is painful. The splayed posture is difficult to hold. It is also a little frightening, because she can see nothing from under her wig. She thinks of Vera, who blinds her audience. She says to herself, this time it is dance itself that can see nothing; that it is always a question of eclipsing what is seen. She decisively says to herself that being on the floor is always trying for a dancer. She knows that she is breaking a taboo; that she is rewriting history; and if she keeps her posture, it is because she now knows that she will not die during the first act. From under the blond wig with a halo of plastic blood, La Ribot transforms her death into an act.

Translated from French by Sarah Tooth-Michelet

1. Director of the Montpellier Dance Festival.
2. Head of Communication, Teaching and Cultural Programming in Regional France at the Cinémathèque de la Danse, Paris.
3. Gilles Deleuze and Félix Guattari, "Trois nouvelles ou 'qu'est-ce qui s'est passé?'" from *Mille plateaux* (Paris: Éditions de Minuit, 1980), p. 235. Subsequent quotes from Gilles Deleuze are also excerpts from this text.
4. "Deceptive dance" is defined as a dynamic practice directed at the spectator, which is not intended to undermine criticism or deny judgement, but rather to question the place and viewpoint of the spectator, as dictated by his or her expectations in terms of presuppositions about dance.
5. Yann Marussich, performer, deals sometimes with the lighting of Maria La Ribot's performance.
6. Excerpt in Howard Barker, *Gertrude (the Cry)/Knowledge and a Girl (The Snow White Case)* (Calder Publications Limited, 2002).
7. In *Een doodnormale vrouw (A Dead Normal Woman)*, by Jan Fabre, with Els Deceukelier, 1995.
8. Georges Didi-Huberman, *Ninfa Moderna: essai sur le drapé tombé* (Paris: Gallimard, 2002).
9. Solo piece by the Portuguese dancer, Vera Mantero, created in 1993.

La Ribot interprétant/performing *Cosmopolita* (n° 7), 1994. Photo: Isabelle Meister

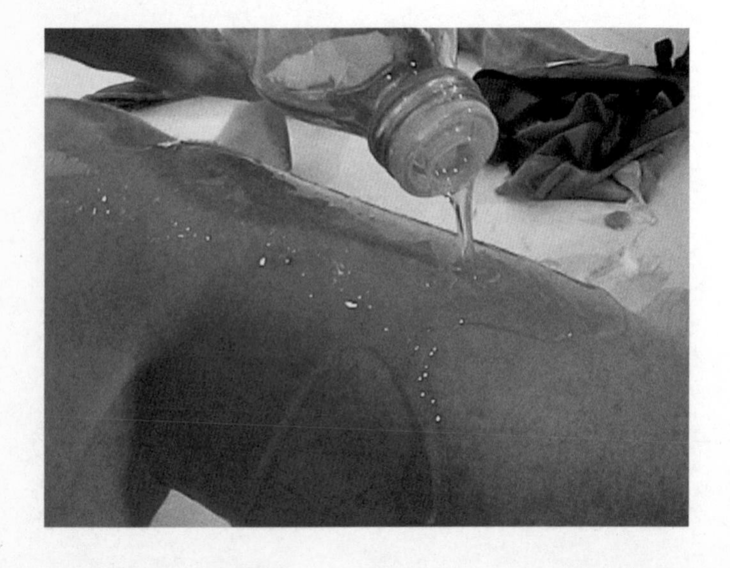

La Ribot, image de la vidéo/still from video *Pa amb tomàquet* (n° 34), 2000.

Emblèmes de l'Absence :
Les *Piezas distinguidas* de La Ribot

Gerald Siegmund

Fin septembre 2000 à la Sala Cuarta Pared, un petit théâtre à proximité du centre de Madrid. Les sièges destinés au public ont été entassés et repoussés contre le mur au fond de la salle. Nous nous déversons dans cet espace ouvert, regardons autour de nous et déambulons librement pendant un moment, laissant notre regard glaner les objets semés ça et là : ici, une boîte rouge gît sur le sol ; là, une chaise cassée et ce qui ressemble à un vieux poste de radio noir forment une alliance contre nature ; ailleurs, une couverture jaune, ou est-ce un coussin, demande silencieusement d'être identifiée. Ne sachant à quoi s'attendre, chacun se cherche une place qui lui convienne, un endroit où se poser, qui lui permette de voir ce qui est sur le point de débuter, un peu à l'écart peut-être de façon à ne pas se trouver sur le chemin de la danseuse une fois le spectacle commencé. À chacun, toutefois, de juger où se situe exactement ce point à l'écart. Nous sommes venus pour *Still distinguished* de La Ribot. Certains ont mis sac et manteau dans un coin, d'autres les ont simplement posés à côté d'eux en s'asseyant. Si vous ne les avez pas vu faire, vous pourriez prendre ces impers légers ou ces sacs à la mode pour des objets qui font partie du spectacle. Mais peut-être en font-ils partie, après tout. Car où les poser, sinon sur la scène ? Je m'installe à proximité d'un petit écran vidéo, espérant qu'y sera projeté un film que je pourrai voir de près. Il y a trois autres moniteurs installés ça et là dans la salle. Je remarque plusieurs petites enceintes qui ont été fixées au sol avec du ruban adhésif.

Toujours incertains quant à la suite des événements, nous nous regardons en train de regarder. Des gens tels des objets, s'observant les uns les autres ou lançant des regards furtifs, personnes et objets au même niveau sur le sol qui est une scène. Durant le temps de la performance, il n'y a pas d'extérieur ; nous sommes tous logés à la même enseigne. Sans crier gare et comme incidemment, une femme entre. Ses cheveux d'un roux flamboyant sont relevés sur sa tête, elle porte un pull-over orange à fermeture éclair. Là où l'on attendrait une jupe ou un pantalon, un seul et sobre bas de nylon couvre à peine une de ses longues jambes, qui se terminent par une paire de mules à hauts talons d'un rose vif. Les couleurs jurent terriblement et me font mal aux yeux. Imperturbable, elle traverse la salle sur demi-pointes comme une ballerine, allume les moniteurs avec sa télécommande. Les écrans s'animent en clignotant, l'apparition féminine dans la foule s'éloigne à grands pas et disparaît. Pendant les douze minutes qui suivent, nous sommes invités à regarder les vidéos. « Pa amb tomáquet », comme l'indique l'intertitre, est l'histoire de la préparation d'un sandwich à la tomate. Cependant, là où tout un chacun prendrait du pain pour servir de base aux tomates, la femme de la vidéo utilise son propre corps comme support. Elle se filme en train de se transformer en sandwich à la tomate. Plus tard, Maria La Ribot me dit qu'elle a réalisé quatre vidéos différentes de la même scène, pour les montrer simultanément sur les quatre moniteurs. Ses pieds sont posés sur une planche à découper. Les ongles des orteils sont vernis d'un violet sombre. À côté, une boîte contenant une bouteille d'huile d'olive. Dans sa main droite, elle tient une caméra qui, pour l'essentiel, est dirigée vers le reste de son corps, à l'exception de quelques plans brefs sur son visage. Remarquant les ingrédients, la femme semble mise en appétit puis elle prend une décision. Nous pouvons la voir manipuler voracement ses vêtements ; dans le tourbillon de la caméra le pantalon tombe, le tee-shirt est enlevé. Comme sa main droite est occupée par la caméra, la gauche tient un couteau prêt à hacher des gousses d'ail qu'elle coince entre ses orteils pour les immobiliser. Je retiens mon souffle lorsque l'ail s'échappe, pensant que le couteau ne va pas manquer d'entailler profondément la chair. Malgré la frénésie de ses gestes, elle réussit à ne pas se blesser. Voilà qu'elle saisit l'ail et le frotte sur sa peau. Remontant en méandres le long des jambes, sur le pubis, le torse, les bras et le visage ; tout ce temps la femme se filme et s'enduit simultanément. Maintenant, elle coupe les tomates et passe la chair rouge et juteuse sur sa peau. Comment réussit-elle à dévisser le bouchon de la bouteille d'huile, mystère ? L'huile d'olive épaisse gicle sur sa peau nue, coule le long des jambes, dégouline sur la planche à découper. Le festival de couleurs qui avait marqué son apparence dans la salle avant la projection continue sur l'écran. La teinte vert jaune de l'huile d'olive contre la blancheur de la planche à découper sur laquelle ressortent les taches rouges des morceaux de tomate et le noir de jais du manche du couteau d'argent évoquent presque une peinture abstrait tachiste. Stop. Elle prend un morceau de tissu et s'essuie. Un mamelon apparaît. Elle essuie l'huile de la planche à découper et met dans la boîte les reliefs du festin. Fin de la vidéo.

« Pa amb tomáquet », pièce distinguée n° 34 de La Ribot, ouvre la série de huit pièces intitulées *Still distinguished* ; pour la chorégraphe, elle fait exception dans la série de petites performances vendues à de distingués propriétaires qui possèdent des pièces n'existant que lorsque La Ribot les représente. Leur nom apparaît sur le programme à côté de celui de la pièce, comme celui du propriétaire d'un tableau dans une exposition de peinture. J'ai acheté « Pa amb tomáquet ». Mais si les collectionneurs d'art peuvent décorer leur maison avec leurs tableaux et leurs objets d'art, je ne possède pour ma part qu'une série de gestes immatériels qui sont liés au corps de La Ribot. Je possède un acte performatif ; et avec « Pa amb tomáquet », même cet acte est insignifiant. Le statut exceptionnel de la pièce réside dans le fait que le corps de La Ribot n'est même pas présent pendant la performance. Il est enregistré. Les seuls gestes qu'elle accomplisse consistent à allumer et à éteindre les écrans vidéo avant et après le spectacle.

Je dois reconnaître que j'ai hésité avant d'acheter cette pièce, précisément pour cette raison. Peut-être aurais-je dû choisir une pièce plus conventionnelle, qui respecte davantage les règles et où La Ribot réalise vraiment une performance ? Mais quelque chose m'a attiré vers cette exception, vers cette étrange double absence qui fonde la pièce. Dans « Pa amb tomáquet », l'absence de l'objet, la disparition inéluctable de la performance dans le deuil de son non-être, de l'absence, se cadre sur une autre absence, celle du corps performant. Il est important de noter que la pièce obéit au même principe que les autres, à savoir que les vidéos n'existent pour moi que lorsqu'elles sont projetées en performance, cadrées par les gestes d'un corps qui apparaît et disparaît pour les allumer et les éteindre. Le corps absent qui en marque le centre déclenche une autoréflexion éclairant les fondements de toutes les autres *Piezas distinguidas*. Au cours de la performance, La Ribot transforme son corps en un objet prêt à être regardé, consommé, voire acheté. Non seulement La Ribot se transforme en objet prêt à consommer, ce qu'est exactement « Pa amb tomáquet » — un sandwich — mais elle produit un objet visuel qui se substitue à la performance originale. Plutôt qu'une réification de l'objet, la vidéo devient dans cette perspective un emblème de son absence. Pour accomplir ces gestes, nul besoin du corps de la danseuse, n'importe quel corps pourrait convenir. La performance et la production de sens ne s'arrêtent pas là. La Ribot a mis ce principe en lumière lorsqu'elle a transmis la série *Más distinguidas*, de l'année 1997, à la danseuse Anna Williams qui maintenant les danse — La Ribot devenant ainsi le cœur absent de ses propres gestes qui ne lui appartiennent plus, ni à personne en particulier. Un même redoublement se produit avec le regard. Si dans d'autres *Piezas distinguidas* nous regardons La Ribot comme un objet exposé, dans « Pa amb tomáquet » elle se regarde d'abord elle-même comme un objet, de sorte que nous regardons un regard en train de regarder ; sachant que dans l'installation de l'espace scénique semblable à celui d'une galerie, nous sommes regardés en train de regarder par d'autres qui eux-mêmes regardent.

Je vois les *Piezas distinguidas* de Maria La Ribot, et particulièrement dans la série *Still distinguished*, comme des emblèmes de l'absence. Ces emblèmes sont constitués par les objets et le regard particulier qui se pose sur eux, lequel, en retour, transforme le sujet regardant en objet. Prenons la pièce distinguée n° 30, « Candida iluminaris ». Où finit l'objet et où commence le sujet ? Revenant dans la salle après la projection des vidéos, La Ribot dispose une série d'objets sur le sol en les rangeant selon leur taille. De petites figurines, un petit camion, une poupée de chiffon, une montre-bracelet, un signe « Ne pas toucher », un petit engin vibreur dont les hélices bourdonnent et vrombissent durant toute la pièce. D'un geste vif, elle décroche une épingle de ses cheveux et se faufile dans la rangée. Suivent un bas, une chaussure rose et, enfin, son pull-over orange, jusqu'à ce que finalement elle se retrouve allongée nue à côté de la chaise cassée, les bras repliés sur les seins, la jambe droite croisée sur la gauche. Ronronnant et bourdonnant comme une machine, elle double le bruit du petit ventilateur. Cela pourrait être le point culminant de la ligne. Mais en face d'elle, une autre femme est assise. Donc, en fin de compte la ligne ne culmine peut-être pas avec La Ribot. Si je laisse mon regard errer sans interruption, la femme assise devant est la continuation logique de la ligne qui parcourt toute la salle en passant d'une personne à l'autre, y compris moi-même.

Je souhaiterais suggérer une lecture des *Piezas distinguidas* de La Ribot comme une production d'absences, marquant aussi bien la danseuse que le spectateur comme sujets mélancoliques qui déplorent la perte et la célèbrent en même temps. Mon modèle théorique s'inspire de la théorie de la mélancolie de Walter Benjamin qui, bien qu'informée par Freud et par la lecture de Proust, ne formule aucun postulat sur les dispositions psychologiques du sujet que l'état mélancolique marque comme différent. Malgré tout, chez Freud comme chez Benjamin, au centre de l'argumentation se trouvent l'objet perdu de l'esprit mélancolique et le processus herméneutique d'interprétation qu'il déclenche, permettant à Benjamin de concentrer sa réflexion sur la représentation du sens.

Dans *Origine du drame baroque allemand*[1], où il expose sa théorie de la mélancolie, Walter Benjamin est avant tout un lecteur de littérature baroque et de théâtre ; ce fait en soi banal est crucial pour sa perception de la mélancolie. En accord avec son époque — le livre a été écrit en 1925 — Benjamin considère le XVIIe siècle comme une période de déclin, marqué par la perte de l'horizon eschatologique qui conférait aux phénomènes un sens et une raison d'être. L'expérience des hommes et des femmes du XVIIe siècle est ainsi marquée par une incertitude sur le statut des objets et, par extension, sur celui de leur propre subjectivité et de sa position dans l'ordre des choses. Ce à quoi est confronté le lecteur et, surtout, le lecteur moderne pour lequel la perte des certitudes (religieuses) est une expérience fondatrice, est un ensemble de signes hiéroglyphiques. Muets, ces signes le laissent désemparé quant à leur signification, tout en faisant constamment appel à sa capacité de les arracher à l'oubli. Rappels vivaces de la mort, ils deviennent des *mementi mori* comblant l'absence avec leur présence fétichiste. Comme chez Freud, la mélancolie pour Benjamin n'est pas tant la perte d'un objet — les objets sont de fait omniprésents — que la perte d'un petit détail de l'objet qui laisse le sujet dériver vers sa propre absence du champ de la signification.

Benjamin lecteur est confronté à des signes muets qui lui rappellent sa propre mort. Comment s'y prend-il, alors, pour résoudre cette crise du sens ? Comment les significations, les « idées », réintègrent-elles le monde des choses ? Pour Benjamin, les idées n'appartiennent pas au monde des phénomènes. Pour expliquer ceci, il fait appel à une analogie : « Les idées sont aux choses ce que les constellations sont aux planètes. Cela veut d'abord dire ceci : elles n'en sont ni le concept ni la loi. Elles ne servent pas à la connaissance des phénomènes et ceux-ci ne peuvent en aucune façon être le critère de l'existence des idées[2]. » Idées et phénomènes ne se représentent pas plus les uns les autres qu'ils n'entretiennent un rapport intrinsèque. Il n'y a rien dans un objet qui pointe vers une idée, et inversement. Au contraire, les idées sont des « configurations » et des « constellations ». Elles peuvent surgir de l'agencement des choses entre elles, à l'instar des étoiles qui forment des images dans le ciel. Le parallèle de Benjamin évoque bien entendu le fameux « alphabet des astres » de Mallarmé, du poème *Un coup de dés*, où les lettres du poème sont déployées sur la page blanche comme les astres dans le ciel, détruisant les significations automatiques pour faire ressortir les absences entre elles. Ces lettres-objets invitent le lecteur à lire ce qui, comme le dit Benjamin, « n'a jamais été écrit[3] », puisque que c'est seulement l'espace entre. La production de sens naît ainsi comme façon de *présenter* les objets en rapport les uns avec les autres.

Voilà qui comporte trois conséquences. Tout d'abord, cela attire l'attention sur l'espace — ou la scène — où ces configurations peuvent se présenter comme condition préalable. Ensuite, se présentant comme figures, elles deviennent des phénomènes visuels. Enfin, elles n'existent que parce qu'elles sont regardées par un lecteur-spectateur qui *produit* activement leur sens. C'est là que la théorie littéraire de Benjamin devient une théorie de la performance, et ses analyses du texte dramatique, une méditation sur la présentation théâtrale. Benjamin écrit : « L'histoire fait son entrée sur le théâtre de l'action », en allemand *Schauplatz*[4], impliquant par là que la scène fonctionne comme modèle de l'historicité de tout ce qu'elle met en espace. C'est là que règne le *Schaulust*, « le plaisir du voir », et que les choses sont présentées avec ostentation, réclamant l'attention du spectateur. La spatialisation inhérente à la constellation appelle en effet l'attention sur la scène où les objets sont étalés « comme un patient anesthésié sur une table ». Immobiles, ils attendent qu'une opération soit réalisée sur eux. Ils s'en remettent au regard du lecteur, qui est aussi spectateur, pour acquérir un sens. Ce n'est que lorsque les figures dans l'espace et le temps sont regardées, lorsqu'elles s'exposent à l'œil allégorique de la mélancolie pour lequel leur existence fait sens, qu'elles peuvent être sauvées de l'oubli. La lecture devient ainsi un acte performatif qui, paradoxalement, sauve ce qui est déjà absent et mort. Les objets sauvés replongeront inéluctablement dans l'impossibilité de leur rédemption, rappelant ainsi au spectateur sa propre mort.

Je souhaiterais ici revenir à La Ribot. Malgré le décor austère et minimal de ses pièces, quelque chose subsiste d'une attitude baroque envers le monde. Peut-être est-ce dû à son « hispanité » avec son riche héritage baroque. À l'instar de l'être mélancolique de Benjamin, elle s'approche des objets pour les sauver de l'oubli. Ces objets sont des allégories de notre condition mélancolique qui n'a pas pour seule cause la perte générale de la métaphysique, à laquelle nous sommes désormais habitués, mais aussi la perte d'une métaphysique plus spécifique : celle du corps comme garant d'une identité censée dire l'authentique. Dans notre culture judéo-chrétienne, c'est le corps du danseur — ou de la danseuse — qui constitue le premier alibi de la danse. Il danse à notre place et devant nous, tandis que nous le regardons en train de séduire l'Autre, (é)mouvant l'Autre pour sauver nos corps déchus ; il y parvient parce que c'est son âme qui danse, et non son corps[5]. Comme nombre de ses contemporains, La Ribot procède à l'inverse, en allant voir le corps de plus près : sa perte comme entité signifiante en soi — que l'on peut exprimer si on l'observe bien, et danser sincèrement en procédant avec soin — est alors remplacée par la notion que le corps est un champ traversé par des forces contraires. Plutôt que d'exprimer son âme, l'esprit mélancolique de La Ribot utilise son corps nu comme la toile vierge d'un peintre. « Des deux surfaces qui apparaissent dans *Still distinguished*, le plan horizontal du sol où nous nous trouvons et celui de la surface de mon corps, autrement dit la peau, c'est peut-être celui-ci qui est le plus fin et le plus sensible des deux. J'utilise ma peau pour me séparer et me coller aux autres. » C'est dans ces termes qu'elle décrit son corps comme extension verticale du sol horizontal, qui sert à la fois d'interface et de surface d'inscription[6]. Un glissement épistémologique s'est amorcé avec la danse de La Ribot. Avec elle, la question n'est plus ce que peut faire le corps dansant, mais ce qui constitue ce corps comme ensemble d'images et de discours hétérogènes et étrangers les uns aux autres. Comme les objets de Benjamin, le corps peut tout signifier en fonction des configurations d'objets auxquelles il se mêle. Prenons par exemple « Narcissa » de la série *Más distinguidas* de 1997. Nue, La Ribot utilise un appareil Polaroid pour prendre des clichés de ses seins et de son pubis. Elle tente de sécher leur surface en les agitant, puis les colle sur les endroits correspondants de son corps. Sous le regard du public, l'image émerge, et je me demande si ce sont les images ou les parties du corps réel que nous avons vues. Si elle ne peut échapper à notre tradition occidentale (qui le pourrait ?), du moins s'en prend-elle à un de ses principes fondateurs.

La conscience de la nature éphémère de toute chose est particulièrement évidente dans le champ de la performance. La performance est donc condamnée à œuvrer sous le signe de la mélancolie. Ainsi, la mélancolie n'appartient ni au *performer* qui traduit sur scène son état de deuil, ni au public qui assiste à la performance dans un état de tristesse. « La tristesse (*Trauer*) est la disposition d'esprit dans laquelle le sentiment donne une vie nouvelle, comme un masque, au monde déserté, afin de jouir à sa vue d'un plaisir mystérieux. Tout sentiment est lié à un objet *a priori* et sa phénoménologie est la présentation de cet objet. La théorie de la tristesse, dans la mesure où elle apparaissait visiblement comme le pendant de la théorie de la tragédie, ne peut donc se déployer que dans la description de ce monde qui s'ouvre au regard du mélancolique[7]. » Pour Benjamin, c'est le regard lui-même qui est mélancolique. La mélancolie résulte d'une constellation de perceptions spécifiques qui ranime le monde mort avec des figures-masques et le contemple. Il ne reste plus alors qu'à regarder les objets comme s'ils étaient des coquilles vides. Mais le regard ne peut pas se poser sur l'objet et lui offrir la rédemption d'un retour à son état signifiant original. La mélancolie, en fin de compte, trahit l'objet en le délaissant pour passer à autre chose. Les performances de La Ribot ne sont pas seulement des performances mélancoliques : elles mettent en acte la *mélancolie de la performance*.

Maria La Ribot, elle aussi, passe à autre chose. Après avoir sauvé les objets en leur redonnant vie sous son regard comme des masques qu'elle porte, après avoir fait ses performances par eux et avec eux, elle les rejette et passe à la halte suivante de son décor ; à cet égard, ils deviennent des *memento mori* de leur usage passé. Comme à la fin de « Pa amb tomáquet », ils deviennent les objets épars d'une nature morte, *still life*, « vie immobile » comme le dit l'anglais, une tradition de la peinture allégorique née aux Pays-Bas vers le milieu du XVIIe siècle[8] : des tableaux où, comme dans les *Piezas distinguidas* de La Ribot, des objets marginaux sont souvent figurés au premier plan dans un espace en fait des symboles de la *vanitas*. La Ribot réunit des objets dans un espace qui devient un symbole à la fois de la vie et de son usure, de sa décrépitude. Les objets rassemblés dans le *Schauplatz* où ils séduisent notre *Schaulust* sont à la fois ordonnés et désordonnés. Ordonnés de sorte que nous puissions les identifier et les lire, certes, mais dans un assemblage aléatoire. Leur coexistence métonymique dans le décor n'est qu'une coïncidence. Ce sont des fragments assemblés par le hasard, par un coup de dés, incapables de susciter par eux-mêmes un sens cohérent. C'est à nous de réaliser le sens avec eux. C'est la raison pour laquelle ils s'exhibent. Mais lorsque je les regarde, je me regarde également. « Il s'agit moins ici de contempler que de regarder, moins de regarder que de voir, moins de voir que de se voir, moins de se voir que de se voir vu, regardé, contemplé, que d'attirer à soi le regard de l'autre pour être "soi", que de ne trouver son identité que dans l'œil de l'autre[9]. » Les corps à la fois muets et éloquents de La Ribot sont non seulement immobiles, tels des natures mortes ou des clichés photographiques, mais aussi des modèles de la vie, cette « vie » que la langue anglaise, avec *still life*, sait voir dans ce que le français nomme « nature morte », sachant que *life* vient du néerlandais *leven* qui peut signifier « modèle »[10].

La théorie de la mélancolie de Benjamin aboutit à une « dépersonnalisation » radicale du sujet engagé dans le regard mélancolique. Sous l'emprise de la mélancolie, il ne peut plus se réfléchir au sens psychologique d'introspection. Il ne subsiste plus rien de la subjectivité intérieure. Pétrifié, il ne lui reste plus qu'à se regarder s'effacer vers son absence comme sujet jusqu'à devenir, lui aussi, objet.

C'est précisément cette dépersonnalisation, d'elle-même comme *performer* et de nous comme public, que La Ribot met en scène. Elle utilise les objets de la même manière que le fait le regard mélancolique. « Comme la nature, je sens le temps passer, et le regard des autres comme une érosion qui m'use peu à peu. Dans une tentative caméléonesque avec les éléments, je deviens transparente et me laisse me dessécher sur leur rétine en m'amincissant le plus possible, jusqu'à presque disparaître[11]. »

La Ribot est absente de la scène tout en étant là. Elle se meut parmi les objets comme un fantôme. Aucune irruption du drame pour tenter de s'accrocher à l'instant, pour lutter contre la mort et faire revenir la vie. Aucun signe d'une volonté puissante pour conquérir l'espace et le temps, aucune tentative de nous amener de son côté, aucune connivence face à la mort. Rien n'est imposé. Tout se contente de se produire dans la conscience pleine et entière que cela passera. Elle rend l'absence visible.

La réflexion de Benjamin sur la mélancolie se situe dans le cadre plus vaste de l'allégorie dont on peut dire qu'elle est une autre version du même état de perception du monde. Puisque le monde souffre d'une « disparition de toute eschatologie[12] », il ne reste plus aux choses qu'à mourir. Elles n'acquièrent de sens que du point de vue de leur absence. Puisque l'apparence des choses (en l'occurrence le corps) et leur signification se sont écartées l'une de l'autre, elles ne sont plus que des allégories du sens. S'il n'existe plus de cadre métaphysique cohérent susceptible de donner au monde sa cohérence, tous les objets ne sont plus que des vestiges, des *memento mori* de la faillite du sens établi.

Dans la réflexion sur l'allégorie, la tradition picturale de l'emblème occupe une place particulière. Lorsque La Ribot déclare que dans ses pièces « les titres sont importants, de même que les couleurs, les textes, la musique, les vêtements, les objets, le temps et l'espace utilisés[13] » elle ne fait que souligner l'importance du langage dans la tradition emblématique. Un emblème est constitué de trois parties : l'*inscriptio*, ou titre, la *pictura*, autrement dit l'image à laquelle renvoie le texte, et la *subscriptio*, une sorte de morale figurant sous l'image. Les images allégoriques consistent en des parties hétérogènes déjà chargées de sens qui sont associées pour produire un message. Mais puisque le sens n'est plus inhérent aux objets, tout peut avoir n'importe quel sens. Dans la tradition baroque, les mêmes éléments peuvent avoir des sens différents selon le contexte. Pour guider le spectateur, qui est également lecteur du sens recherché, des titres étaient nécessaires. Parfois, le titre peut circonscrire le sens, comme dans « Outsized Baggage » dans lequel La Ribot s'attache à des colis et se met une étiquette de bagage d'aéroport autour de l'épaule. Il arrive aussi, toutefois, que les objets dans son montage emblématique créent une chaîne de relations métaphoriques qui laisse le sens en suspens.

Prenons la pièce distinguée n° 27, « Another Bloody Mary ». La Ribot ouvre ce qui se révèle être une véritable boîte de Pandore, et prend une série d'objets qu'elle pose par terre. Un tablier rouge, des bigoudis rouges, des sets de table rouges, des trucs en plastique rouge, tout est d'un rouge vif et brillant. Elle met une perruque blonde en la ramenant vers l'avant de façon à couvrir ses yeux, et épingle un postiche blond sur ses poils pubiens. En chaussures à hauts talons vert métallisé, couleur complémentaire du rouge, elle traverse ce qui ressemble à une mare de sang puis se penche lentement vers l'arrière jusqu'à toucher le sol. Elle reste allongée là sans bouger, les jambes de travers comme une blessure ouverte. Comment lire cela ? Le titre suggère des lectures multiples. Il renvoie à un cocktail à base de vodka et de jus de tomate — d'où la couleur rouge. *Bloody Mary* est aussi une chorégraphie de Gilles Jobin. Le titre se réfère à la reine Mary Ire Tudor, fille d'Henry VIII, passée à la postérité comme la reine la plus sanguinaire qu'ait connue l'Angleterre pour avoir fait massacrer les protestants. L'on peut également l'interpréter comme une scène de violence banale dont la victime pourrait être une femme prénommée Mary. Sommes-nous témoins d'une scène de violence domestique, où tous les objets employés pour créer la flaque de sang symbolique sont des objets domestiques ? Est-ce vraiment de la violence, ou simplement l'image des menstruations féminines, ou celle d'une femme ivre dans un état comateux ? Ou est-elle une des victimes de Bloody Mary ?

Tandis que le titre fonctionne comme *inscriptio*, la musique fait office de *subscriptio*. Une fois que le corps s'est affalé sur le lit d'objets et de tissus rouge sang, les haut-parleurs s'animent. Émerge un son électronique ; une voix ténue, désincarnée, déformée par divers filtres électroniques, entonne le vieux tube des Tremoloes, « Silence is golden but my eyes still see[14] ». Sommes-nous témoins d'une scène de crime que nous ne rapporterons pas à la police ? Est-ce un appel à garder le silence sur ce que nous avons vu, ou une allusion à tous les crimes qui sont tus ? Si nous, nous pouvons voir la femme étendue, elle, évidemment ne voit pas. Elle ne peut pas nous regarder à cause de la perruque qui lui couvre les yeux, ce qui fait d'elle un objet sexuel total. Est-ce que nous l'avons violée simplement en la regardant, la vidant de sa force vitale par notre regard mortifère ? Sous le regard de l'homme mélancolique, tout devient emblème de l'absence.

Notre regard la transforme en marchandise. Pour Walter Benjamin, l'emblème revient dans le monde moderne sous forme de marchandise : « La marchandise a pris la place de la forme allégorique de l'intuition[15]. » La marchandise est ce qui reste d'un objet après déduction de sa valeur d'usage. La valeur d'échange prend le dessus, une valeur qui n'est pas liée à un sens inhérent à l'objet mais dépend simplement des forces du marché. En vendant ses *Piezas distinguidas*, La Ribot attire l'attention sur la marchandisation des corps, des danseurs, des artistes, et de leur travail dans la société de consommation. Mais ce faisant, elle la subvertit. Après tout, ce n'est pas son corps qui est à vendre mais son corps en performance. Elle vend donc un acte performatif qui, précisément parce qu'il est immatériel, absent, et que ce n'est pas un objet, continuera de produire des actions et des significations nouvelles.

Traduit de l'anglais par Catherine Delaruelle

1. Walter Benjamin, *Origine du drame baroque allemand*, traduction de Sibylle Muller, Paris : Flammarion, 2000.
2. *Ibid.*, p. 31.
3. Walter Benjamin, « Über das mimetische Vermögen », *in* Walter Benjamin, *Gesammelte Schriften II. 1 : Aufsätze, Essays, Vorträge*, Francfort-sur-le-Main : Suhrkamp, 1991, p. 213.
4. Walter Benjamin, *Origine du drame baroque allemand*, *op. cit.*, p. 94.
5. Pierre Legendre, *La Passion d'être un autre : étude pour la danse*, Paris : Seuil, 2000.
6. *La Ribot*, catalogue de l'exposition à la Galerie Soledad Lorenzo, Madrid, 2002, p. 55.
7. Walter Benjamin, *Origine du drame baroque allemand*, *op. cit.*, p. 150-151.
8. Martina Wagner-Egelhaaf, *Die Melancholie der Literatur*, Stuttgart/Weimar : Metzler, 1997, p. 79-92.
9. Louis Marin, « Les traverses de la Vanité », *in* Alain Tapié (dir.), *Les Vanités dans la peinture au XVIIe siècle*, Paris-Caen : Albin-Michel/musée des Beaux-Arts, 1990, p. 25.
10. Martina Wagner-Egelhaaf, *Die Melancholie der Literatur*, *op. cit.*, p. 87.
11. *La Ribot*, catalogue, *op. cit.*, p. 55.
12. Walter Benjamin, *Origine du drame baroque allemand*, *op. cit.*, p. 81.
13. *La Ribot*, catalogue, *op. cit.*, p. 54.
14. « Le silence est d'or mais mes yeux voient encore. »
15. Walter Benjamin, *Charles Baudelaire : un poète lyrique à l'apogée du capitalisme*, « Zentralpark : fragments sur baudelaire », préface et traduction de Jean Lacoste, Paris : Payot , 1982, p. 246.

Emblems of Absence:
La Ribot's *Piezas distinguidas*

Gerald Siegmund

LATE SEPTEMBER 2000 in the Sala Cuarta Pared, a small theatre on the outskirts of the city centre of Madrid. The chairs for the audience have been stacked and pushed to the back wall of the room. People spill into the open space. We look about and wander around freely for a while, letting our gaze roam over the objects that have been distributed throughout the space. Over there, a red box is lying on the floor; over here, a dismantled chair and what looks like a black old fashioned radio have entered an unholy alliance; and over there, a yellow cushion or blanket makes a silent appeal to be recognized. Not knowing what to expect, everyone looks for a place that seems appropriate. Everyone looks for a suitable place so one can clearly see what is about to begin, and a little bit out of the way, perhaps, so as not to bump into the performer once the show has started. Just exactly where that out-of-the-way-place might be is, however, anybody's guess. *Still distinguished* by La Ribot is why we are here. Some people have deposited their baggage and coats in some corner, or have simply dropped them on the floor next to where they are sitting. If you have not noticed them doing it, you might mistake the thin raincoats and trendy bags for objects that are part of the piece. But perhaps they are part of the show after all. For where else could people have left them but on the stage? I position my body next to a small monitor, hoping that some film might be shown that I can have a close look at. There are three more monitors scattered across the room. I notice several small loudspeakers that have been glued to the floor with gaffa tape.

Still uncertain about what will unfold, we look at each other looking. People as objects observing each other or stealing furtive glances; people and objects sharing the same level of being on the floor that is a stage. For the time of the performance, there is no outside. We are in this together. Almost casually and unexpectedly, a woman enters. Her fiery red hair tied to her head, she wears an orange sweater with a zipper. Where either skirt or trousers should be, a single simple nylon stocking barely covers at least one of her long legs, which end in a pair of high heeled slippers in glaring pink. The colours clash terribly and hurt my eyes. Unperturbed, she stalks across the room like a ballerina on demi-point, switching on the monitors with her remote control. The screens flicker into action, and the female apparition in the crowd walks off and disappears. For the next twelve minutes, we are invited to watch the videos. "Pa amb tomáquet," as the caption reveals, is the story of a tomato sandwich in the making. However, where everyone else would use some bread to spread the tomatoes on, the woman in the video uses her own body as a base. She films herself while transforming herself into a tomato sandwich. Later, Maria La Ribot tells me that she has made four different videos of the same scene to be shown simultaneously, one for each monitor. Her feet rest on a white chopping board. Her toenails are painted a deep violet. A box with a bottle of olive oil stands next to it. In her right hand she holds a camera that is mostly pointed downwards on the rest of her body, apart from a few glances into her face. Spotting the ingredients, the woman appears to be getting hungry, and then makes a decision. We can see her fiddle voraciously with her clothes. In the whirl of the camera, her pants fall down and her top comes off. Since her right hand is occupied with the camera, her left hand wields a knife ready to chop cloves of garlic, which she squeezes between her toes to stabilise them. I hold my breath as the garlic jumps away from the knife, thinking that any second now the knife will cut deeply into her flesh. Despite her frantic handling of the objects, she mages to remain unscathed. Now she grabs the garlic and rubs it against her skin. Up and up it wanders, along her legs and around her pubic area, along her torso and arms and her face, while all the time the woman is filming and rubbing herself simultaneously. Now she slices the tomatoes and rubs the red squirting flesh onto her skin. How she manages to unscrew the olive oil bottle remains a mystery. Gulps of thick olive oil splash over her naked skin running down her legs and dripping onto the chopping board. The feast of colours that characterised her appearance in the room before the videos started now continues on the screen. The yellowy, greenish hue of the olive oil against the white chopping board, onto which red splashes of tomato have been spilled, and the pitch black handle of the silver knife almost look like an abstract action painting. Enough. She takes a piece of cloth and rubs the oil off her body. A nipple jumps into view. She wipes the oil from the chopping board and stuffs the remains of her feast into the box. The video stops.

"Pa amb tomáquet" is La Ribot's distinguished piece number 34. It opens the series of eight distinguished pieces she calls *Still distinguished*. She considers it to be an exception in her series of small performances, which she sells to distinguished proprietors who own the pieces that exist only when La Ribot performs them. Their names then appear on the programme notes next to the piece, like the name of the owner of a painting may appear on a little sign on a museum wall. I bought "Pa amb tomáquet." But where art collectors may decorate their house with art objects and canvasses, I merely own a series of immaterial gestures that are connected to La Ribot's body. I own a performative act. In the case of "Pa amb tomáquet," even this is insignificant. The exceptional status of the piece lies in the fact that La Ribot's body is not even present during its actual performance. It is recorded. The only gestures performed are switching the video screens on and off before and after the showing.

I have to admit that I hesitated to buy the piece precisely because of that. Perhaps I should choose a more conventional piece, one that sticks to the rules and has Maria La Ribot actually perform in it? But something drew me to the exception, and drew me to this curious double absence that is the piece. "Pa amb tomáquet" frames the absence of the object, the inevitable disappearance of the performance into its mournful state of non-being, of absence, with another absence, namely that of the body performing. It is important that the piece is set up like any other distinguished piece, i.e. the videos only exist for me when shown live, and when the framing gestures of a body, appearing and disappearing to turn them on and off, are performed. The absent body that marks its centre triggers a self-reflection, which highlights the foundations of all other *Piezas distinguidas*. During the performance, La Ribot transforms her body into an object ready to be looked at, consumed and even bought. Not only does La Ribot transform herself into an object ready for consumption, which in "Pa amb tomáquet" is precisely that-a sandwich, she also produces a visual object that stands in for the original performance. Rather than a reification of the object, the video, in this perspective, becomes an emblem of its absence. To perform these gestures, you do not even need her body. Any body could do it. The performance and the production of meaning do not stop. La Ribot has since highlighted this principle when she passed on her series of pieces, *Más distinguidas* from the year 1997, to the dancer Anna Williams, who now performs them. La Ribot thus became the absent core of her own gestures, which are now no longer her own, or anybody's in particular. A similar doubling occurs with the gaze. While in other *Piezas distinguidas* we look at La Ribot as an object on display, in "Pa amb tomáquet" she looks at herself as an object first. Consequently, we look at a gaze, knowing that in the open gallery-like setting of the theatre, we are being looked at while looking at others.

I would like to think of Maria La Ribot's *Piezas distinguidas*, and primarily of her *Still distinguished* series, as emblems of absence. These emblems consist of objects and a particular gaze that falls upon them, which in turn turns the gazing subject into an object itself. Take distinguished piece number 30, "Candida iluminaris". Where does the object end and the subject begin? Having returned into the room after the videos have finished, La Ribot places a row of objects on the floor, grading them according to size. Little toy figures, a tiny lorry, a doll made out of cloth, a wristwatch, a sign that says "Do not touch," a small vibrating thing whose propellers purr and whirr throughout the piece. She swiftly takes a hairpin from her hair and weaves herself into the line. Her stocking follows, one of her pink shoes and at last her orange sweater, until she finally lies naked next to the broken chair, her arms folded in front of her breasts and her right leg crossed over her left. Purring and whirring like a machine, she picks up the sound from the little propeller. This could be the climax of the line. And yet, in front of her, another women is sitting. So maybe the line does not culminate in La Ribot after all. If I let my gaze wander without interruption, the woman sitting in front is the logical continuation of the line that spreads out across the whole room, jumping from person to person including myself.

What I would like to suggest is a reading of La Ribot's *Piezas distinguidas* as a production of absences that marks both performer and spectator as melancholic subjects both mourning loss and celebrating it at the same time. As a theoretical model, I shall draw on Walter Benjamin's theory of melancholy, which, although informed by Freud as in his reading of Proust, does not make any assumptions about psychological dispositions of the subject, whose melancholic state marks it as different. However, central to both Freud and Benjamin's argument is the lost object of the melancholic mind and the hermeneutic process of interpretation that it triggers, thus allowing Benjamin to focus on the question of the representation of meaning.

In *Origin of the German Tragic Drama*,[1] where he unfolds his theory of melancholy, Walter Benjamin is above all a reader of baroque literature and dramatic texts, a fact that is as banal as it is crucial for his perception of melancholy. Like his own times — the book was written in

1925 — Benjamin considers the seventeenth century as a time of decline and fall. What was lost then was the eschatological horizon that instills phenomena with a meaning, and gives them a reason to exist. The experience of seventeenth-century men and women is therefore marked by the uncertainty about the status of objects and, by extension, of their own subjectivity and its position in the order of things. What confronts reader, and above all the modern reader for whom the loss of (religious) certainties is a founding experience, is a set of hieroglyphic signs. Mute, they leave the reader lost about their significance, and yet constantly appeal to his or her ability to rescue them from oblivion. As a vivid reminder of death, they become *mementi mori*, filling the absence with their fetishistic presence. As with Freud, melancholy for Benjamin is not so much the loss of an object. Objects are indeed everywhere. It is the loss of a small detail about the object, which leaves the subject adrift towards its own absence from the field of meaning.

As a reader, Benjamin is confronted with mute signs that remind him of his own death. How then does he go about resolving this crisis of meaning? How does meaning — how do "ideas" — come back to the world of things? For Benjamin, ideas are not something present in the world of phenomena. To explain this, Benjamin takes recourse to a simile. "Ideas are to objects as constellations are to stars. This means, in the first place, that they are neither their concepts nor their laws. They do not contribute to the knowledge of phenomena, and in no way can the latter be criteria with which to judge the existence of ideas."[2] Neither do ideas and phenomena represent each other, nor is their relation intrinsically motivated. There is nothing in an object that necessarily points towards an idea and, vice versa, an idea does not help us to understand the object. Instead, ideas are "configurations" and "constellations." They can be gleaned from the way things are positioned in relation to one another, like the stars that make up images in the sky. Benjamin's simile, of course, immediately calls to mind Stéphane Mallarmé's famous "l'alphabet des astres," from his poem *Un coup de dés*. Here, the letters of the poem are spread out across the white page like stars across the sky; thus destroying habitualised meaning, and highlighting the absences between them. These object-letters appeal to the reader to read that "which was never written,"[3] as Benjamin calls it, because it was only ever the empty space in between. Meaning is thus produced as a way of *presenting* the objects in relation to each other.

This has three consequences. First, it draws attention to the space or even the stage, where these configurations are allowed to present themselves as a prerequisite. Second, presenting themselves as figures, they become visual phenomena. Third, they only exist because they are looked at by a reader-spectator, who actively *produces* their meaning. It is here that Benjamin's literary theory of reading becomes a theory of performance, and his analysis of the dramatic text becomes a meditation on theatrical presentation. Benjamin writes: "History merges into the setting," the German "Schauplatz,"[4] thus implying that the stage functions as a model of the historicity of all things, which it gives a space. It is here that "Schaulust" — scopophilia — reigns, and where things are presented ostentatiously clamouring for the attention of the spectator. The spatialisation that is inherent in the constellation indeed draws attention to the stage, where the objects are spread out "like a patient etherised upon a table." Still and immobile, they wait for an operation to be performed on them. They rely on the gaze of the reader, who is also a spectator to take on a meaning. Only when the figures in space and time are looked at, when they display themselves to the melancholy allegorical eye for whom their existance takes on a meaning, can they be saved from oblivion. Reading thus becomes a performative act that, paradoxically, rescues what is already absent and dead. The objects saved will, inevitably, sink back into their state of unredeemability, thereby reminding the spectator of his or her own death.

It is here that I would like to bring in La Ribot again. Despite the austere and minimalised setting of her pieces, something of the baroque attitude towards the world remains. Perhaps this is because of her Spanish background, with its rich Baroque heritage. Like Benjamin's melancholy person, she deals with objects to rescue them from oblivion. These objects are allegories of our melancholy condition, which is generated because of the general loss of metaphysics. In the twenty-first century, we have become quite accustomed to that. It is created by the loss of a more specific metaphysics, namely that of the body as the safeguard of an identity that supposedly speaks the truth. In our Judeo-Christian culture, it is above all the body of the dancer, which is our alibi for dancing. He or she dances instead of us and in front of us; while we watch him or her seducing the Other, moving the Other to save our fallen bodies. He or she may achieve this, because it is the dancer's soul that dances, not his or her body.[5] La Ribot, like many of her contemporaries, takes a closer look at the body instead. Its loss as a meaningful entity in itself, which may be expressed when observed attentively, and which may be danced truthfully when treated carefully, is replaced by the notion of the body as a field of contesting forces. Instead of expressing its soul, La Ribot's melancholic mind uses her naked body like the blank canvas of a painter. "Out of the two surfaces that appear in *Still distinguished* — the horizontal one of the floor where we find ourselves and that of the surface of my body, that is to say the skin — perhaps this is the thinnest and most sensitive of the two. I use my skin to separate and stick myself to others." She thus describes her body as a vertical extension of the horizontal floor, serving both as an interface between things and as a surface for inscriptions.[6] An epistemological shift has begun with La Ribot's dancing. With her, it is no longer a question of what the body can do in dance, but what constitutes this body as a set of heterogeneous and extraneous images and discourses. Like Benjamin's objects, the body can mean anything depending on the star-like configurations of objects it enters while performing. Take "Narcissa," for example, from the series *Más distinguidas* of 1997. Naked, La Ribot uses a polaroid camera to take pictures of her breasts and her pubis. After she has tried to dry their surfaces by waving them about, she sticks them onto their respective places on her body. As the audience watches the images emerge, I wonder whether it was images and not the real things that we saw in the first place. While she may not escape our Western tradition (who could?), she at least works through one of its founding principles.

The knowledge that all things must pass is most evident in the sphere of performance. Performance, therefore, inevitably puts all things under the spell of melancholy. Thus, melancholy does not belong to the performer, who translates his or her state of mourning onto the stage. Nor does it belong to the audience, who attends the performance in a sad state of mind. "Mourning is the state of mind in which feeling revives the empty world in the form of a mask, and derives an enigmatic satisfaction from contemplating it. Every feeling is bound to an a priori object, and the representation of this object is its phenomenology. Accordingly, the theory of mourning, which emerged unmistakably as a pendant to the theory of tragedy, can only be developed in the description of that world, which is revealed under the gaze of the melancholy man."[7] For Benjamin, it is the gaze itself that is melancholic. Melancholy is the result of a specific constellation of perception, which revives the empty world with mask-like figures and contemplates it. In fact, all that is left to do is look at things as if they were empty shells. The gaze, however, cannot rest upon the object and redeem it to its original meaningful state. Melancholy ultimately betrays the object by leaving it behind and moving on. La Ribot's performances are not only melancholic performances. They perform the *melancholy of performance*.

Maria La Ribot moves on, too. After she has rescued the objects by reviving them under her gaze like masks she puts on, and after she has performed them and on them, she discards them and moves on to the next stop in the setting. In this respect, they become indeed the *mementi mori* of their former use. As in the end of "Pa amb tomáquet," they become spilled objects in a still life — a tradition of allegorical painting that originated in Holland in the mid-seventeenth century.[8] Like La Ribot's *Piezas distinguidas*, these paintings often depict marginal objects and give them centre stage by turning them into symbols of *vanitas*. La Ribot gathers objects in space, which become a symbol of life and, at the same time, a symbol of its decay and wasting away. The objects gathered in the "Schauplatz," where they entice our "Schaulust," are both ordered and disorderly. That they are ordered ensures that we may identify and read them. Yet their assemblage is random. Their metonymic co-existence in the setting is only a coincidence. They are only fragments thrown together by chance, by *Un coup de dés*, unable to evoke a coherent meaning in themselves. We have to perform it with them. That is why they expose themselves. But when I look at them, I also see myself. "Il s'agit ici moins de contempler que de regarder, moins de regarder que de voir, moins de voir que de se voir, moins de se voir que de se voir vu, regardé, contemplé, que d'attirer à soi le regard de l'autre pour être 'soi' que de ne trouver son identité que dans l'œil autre."[9] La Ribot's simultaneously mute and eloquent bodies are not only "still," as in motionless or ongoing, they are not only photographic stills, they are also models of life, the "life" of the "still" coming etymologically from the Dutch word "leven" — which means "model."[10]

The result of Benjamin's theory of melancholy is a radical "de-personalisation" of the subjects involved in the melancholic gaze. While under the spell of melancholy, they cannot reflect themselves in the psychological sense of an introspection. There is no interior residue of subjectivity. Petrified, all that is left for us to do is to watch ourselves dwindle away towards our own absence as subjects until we, too, become objects.

Maria La Ribot stages precisely such a de-personalisation of both herself as a performer and us as an audience. Her use of objects matches the use the melancholic gaze makes of objects. "Like nature, I feel time slipping away and the gaze of the others like erosion wearing me away. In a chameleon-like attempt with the elements, I become transparent; and I allow myself to dry off on their retinas, becoming as thin as I can until I almost disappear."[11]

La Ribot is absent on stage while being there. She wanders through the objects like a ghost: no fits of drama trying to hold on to the moment, to fight death, and to bring back life; no signs of a strong will conquering space and time; no attempts to bring us on her side; no conniving in the face of death. Nothing is forced. Everything just takes place with the full knowledge that it will pass. She makes absence visible.

Walter Benjamin's discussion of melancholy is situated within the larger framework of allegory, which can be said to be another version of the same state of perceiving the world. Because the world suffers from a "total disappearance of eschatology,"[12] all things are left to die. They gain significance only from the point of view of their absence. Since the appearance of things (in our case the body) and their meanings have drifted apart, all things are mere allegories of meaning. If there is no longer a coherent metaphysical framework that gives the world its coherence, then all objects are mere ruins: *mementi mori* of the failure of stable meaning.

Within the discussion of allegory, the pictorial tradition of the emblem holds a special place. When La Ribot claims that in her pieces "[the] titles are important, just as important as the colours, the texts, the music, the clothes, the objects, the time and the space,"[13] she in fact stresses the importance of language in the emblematic tradition. An emblem consists of three parts: an *inscriptio*, or title; a *pictura*, the image the title refers to; and the *subscriptio*, a kind of morale underlying the image. The allegorical images consist of heterogeneous parts already encoded with meaning, which are combined to produce a message. Since meaning, however, is no longer inherent in the objects as such, everything could, indeed, mean everything. In the Baroque tradition, the same items could mean different things in different contexts. To guide the viewer, who is at the same time a reader, towards the intended meaning, the titles were necessary. Sometimes meaning can thus be constricted — as in "Outsized Baggage," in which she ties herself into a parcel and puts an airport baggage label around her shoulder. Sometimes, however, the objects in La Ribot's emblematic set-ups enter a string of metaphorical relations, which leave meaning suspended.

Take distinguished piece number 27, "Another Bloody Mary." La Ribot opens what proves to be a veritable Pandora's box, and takes out a string of items, which she places on the floor: a red apron, some red curlers, red placemats, some plastic things, all in shiny bright red. She dons a blond wig, back to front, so that he eyes are covered, and pins a small blond hair piece onto her pubic hair. In metallic green high heels, red's complimentary colour, she straddles what looks like a pool of blood, and begins to bend backwards slowly until she touches the ground. Motionless, she remains lying there, her legs akimbo like an open wound. How are we to read this? The title suggests various readings. It refers to a cocktail made of vodka and tomato juice — hence the colour red. It also refers to a piece by the choreographer Gilles Jobin called *Bloody Mary*. It alludes to Mary I, daughter of Henry VIII and nowadays the queen of England most famous for executing Protestants. Or it could be interpreted as just another scene of violence with some woman called Mary as a victim? Have we witnessed a scene of domestic violence, because all the objects used to produce the symbolic pool of blood are domestic items? Was it violence in the first place? Or is it just the image of a women menstruating? Or is it the image of a woman having passed out after a drinking binge? Or is she one of Bloody Mary's victims?

While the title functions as an *inscriptio*, the music functions as its *subscriptio*. After her body has sunk onto the blood-red bed of objects and cloth, the speakers crack into action. An electronic sound emerges. A thin, tinny, disembodied voice, which has gone through various stages of electronic distortion, sings the old Tremoloes' classic "Silence is golden, but my eyes still see." Have we witnessed a scene of crime that we will not report to the police? Is it an appeal to remain silent about what we have seen? Or does it allude to the many crimes that remain unreported? While we can see, the women lying there obviously cannot. She cannot look back at us because the blond wig covers her eyes, thus turning her into a total sex object. Have we raped her just by looking at her, draining her life forces with our mortifying gazes? Under the gaze of the melancholy person, all things become emblems of absence.

Our gaze turns her into a commodity. For Walter Benjamin, the emblem returns in the modern world in the shape of the commodity: "The commodity has taken the place of the allegorical mode or perception."[14] The commodity is that which remains of an object after its use value has been deducted. The exchange value takes the upper hand, a value that is not bound to any meaning inherent in the object, but merely depends on market forces. If La Ribot sells her *Piezas distinguidas*, she draws attention to the commodification of bodies, dancers, artists, and their works in a consumer society. But she also subverts it. After all, it is not her body that is for sale, but her body in performance. She thus sells a performative act that, precisely because it is immaterial, absent and not an object, will continue to produce new meaning or actions.

1 Walter Benjamin, *The Origin of German Tragic Drama* [*Ursprung des deutschen Trauerspiels*] (London/New York: Verso, 1988).
2. Ibid., p. 34.
3. Walter Benjamin, "Über das mimetische Vermögen," in Walter Benjamin, *Gesammelte Schriften II.1: Aufsätze, Essays, Vorträge* (Frankfurt a.M.: Suhrkamp, 1991), p. 213.
4. Walter Benjamin, *The Origin of German Tragic Drama*, p. 92.
5. Pierre Legendre, *La Passion d'être un autre : étude pour la danse* (Paris: Seuil, 2000).
6. *La Ribot*, Exhibition catalogue (Madrid: Galeria Soledad Lorenzo, 2002), p. 55.
7. Walter Benjamin, *The Origin of German Tragic Drama*, p. 139.
8. Martina Wagner-Egelhaaf, *Die Melancholie der Literatur* (Stuttgart/Weimar: Metzler, 1997), pp. 79-92.
9. Louis Marin, "Les traverses de la Vanité," in Alain Tapié (Hg.), *Les Vanités dans la peinture au XVIIe siècle* (Paris-Caen: Albin Michel/musée des Beaux-Arts, 1990), p. 25.
10. Martina Wagner-Egelhaaf, *Die Melancholie der Literatur*, p. 87.
11. *La Ribot*, catalogue, p. 55.
12. Walter Benjamin, *The Origin of German Tragic Drama*, p. 81.
13. *La Ribot*, catalogue, p. 54.
14. My translation, *cf.* Walter Benjamin "Zentralpark," *in* Walter Benjamin, *Abhandlungen. Gesammelte Schriften Band I.2.* (Frankfurt a.M.: Suhrkamp, 1991), p. 686.

La Ribot interprétant/performing *Oh! Compositione* (n° 22), 1997. Photo: Franko B.

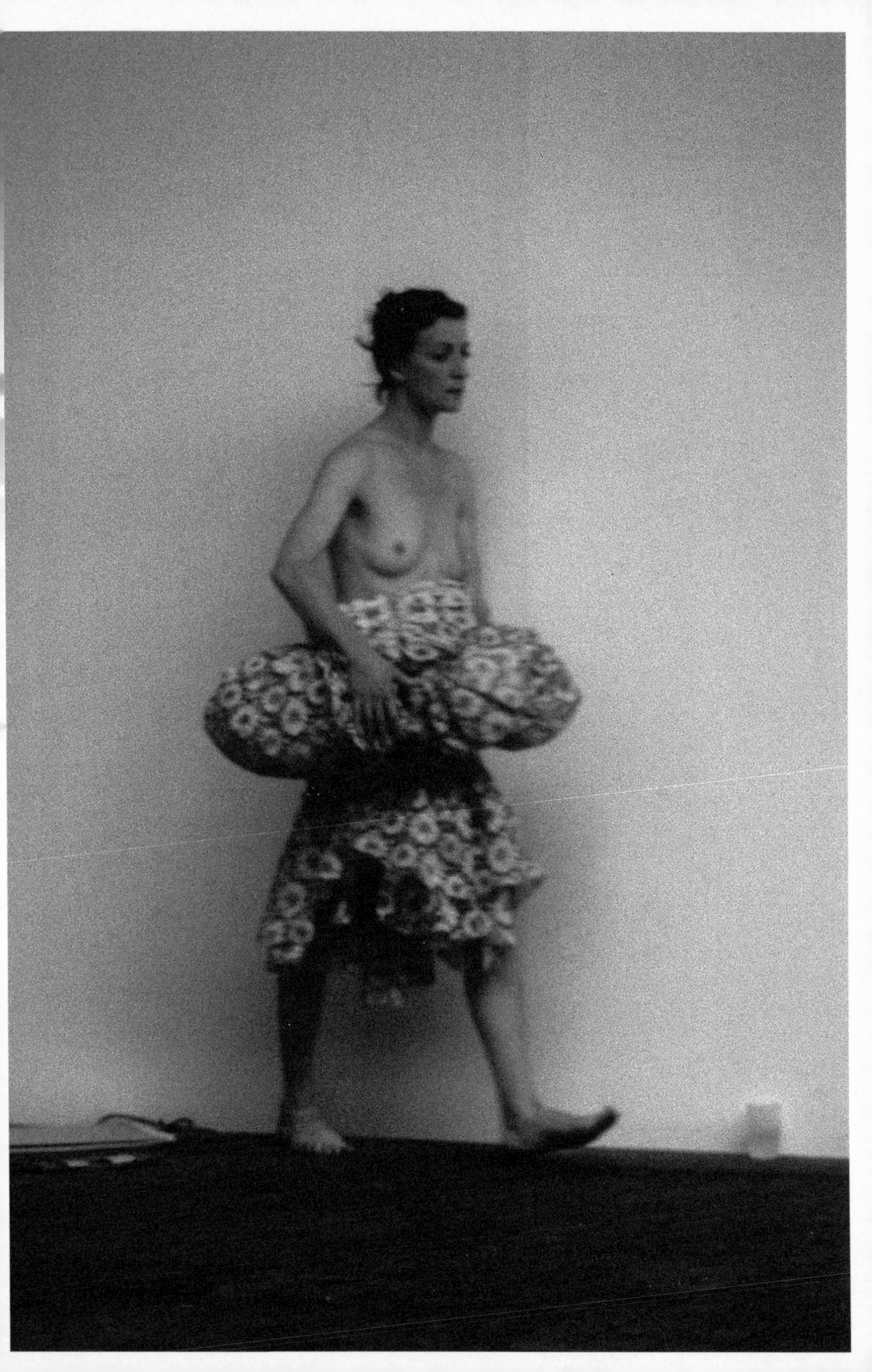

La Ribot interprétant/performing *Fatelo con me* (n° 2), 1993. Photo: Bertrand Prevost (detail)

Renversement : *Panoramix* et le poids de la vision

André Lepecki

IL Y A un peu plus d'un an, plus exactement au mois de mars 2003, j'étais assis avec quelques dizaines d'autres personnes sur un sol recouvert de carton, dans l'une des grandes salles de la Tate Modern. Collés contre le mur comme le sont souvent les spectateurs d'une performance lorsqu'ils ne savent pas bien où se trouve la scène, sentant la tiédeur du carton et sa couleur-odeur indéfinissable, nous attendions *Panoramix*, la pièce où Maria La Ribot donne, pendant un peu plus de trois heures, l'ensemble de ses trente-quatre *Piezas distinguidas*.

La manifestation de la Tate — présentée dans le cadre de Live Culture, une collaboration entre la Tate Modern et la Live Art Development Agency — était la première présentation de *Panoramix*. Le titre de la performance se confondait avec son objet : il évoquait une somme, une vue d'ensemble du processus qui, pendant dix ans, avait mené la chorégraphe espagnole de sa première pièce distinguée en 1993 à sa dernière en 2003. Mais tandis que je prenais place en attendant l'arrivée de La Ribot, il devint clair que la disposition de la salle interdisait de faire de *Panoramix* ce que son nom suggérait, autrement dit un panorama optique ou historique. Au contraire, le carton — qui renforçait la présence du sol tout en le cachant — et les dizaines d'objets disparates et improbables convoqués pour les trente-quatre pièces, scotchés côte à côte sur les quatre murs, indiquaient clairement que *Panoramix* ne se contenterait pas de représenter ou de re-présenter des activités passées, ni ne retracerait le cheminement créatif de La Ribot dans sa série distinguée (*13 Piezas distinguidas* [1993-94], *Más distinguidas* [1997], *Still Distinguished* [2000]).

De l'effet à l'opération

Le carton qui recouvre entièrement le sol de la galerie produit un effet synesthésique[1] qui tout à la fois annonce l'arrivée de La Ribot, cadre son absence et suggère sa quasi-présence dans le frémissement de cette teinte d'un brun sourd. Mais La Ribot transforme rapidement cet *effet* synesthésique en une *opération* esthétique dont l'impact et la cohérence confèrent à *Panoramix* une force qui va au-delà de la somme panoramique d'une trajectoire. Dans l'attente de la représentation comme tout au long de son déroulement, la synesthésie opère de différentes façons, ne se contentant pas de brouiller les perceptions. De fait, si le sol de carton dégage une sensation de chaleur, et si cette chaleur baigne l'ensemble — spectateurs, murs, lumières, objets — d'une lueur indéfinie, si cette lueur confère à toute l'expérience une texture spécifique — pas très agréable au toucher — et si cette texture crée à son tour une zone assourdie — une zone non pas de calme mais de contraction des sons —, tous ces effets maîtrisés et conjugués visent bien plus qu'une simple fusion des modes de perception. Une telle opération tend vers un but spécifique : la perturbation architecturale[2]. Tout espace de galerie impose à l'artiste qui l'accueille une grille orthogonale, qui est celle de l'espace cubique de la représentation. C'est cette neutralité douteuse de la galerie que La Ribot prend pour cible, en s'engageant dans une critique cohérente de l'orthogonalité des structures de représentation généralement associées au danseur.

Dans l'opération perturbatrice qu'est *Panoramix*, des séries de micro-mouvements sont à l'œuvre dès le début et leur invisibilité même témoigne de leur force et de leur impact, au lieu de les saper. Par l'odeur subtile du carton, le premier micro-mouvement, l'espace de représentation de la galerie n'est plus perçu comme un pur espace visuel. La dimension olfactive érode inlassablement la compacité des surfaces planes, mine la confiance de la galerie dans sa propre orthogonalité. L'odeur brouille les lignes droites et crée des plissements dans les surfaces planes ; elle pulvérise la striation rigide de la grille orthogonale. L'odeur distend les plans horizontaux et verticaux en de nombreux replis, courbes et obliques, créant ainsi ce qu'Alain Borer (à propos de la fonction de l'odeur dans l'œuvre de Joseph Beuys), appelait une dimension impalpable[3]. C'est la production de cette dimension impalpable, et néanmoins matériellement tangible, qui traverse *Panoramix*.

Cette dimension impalpable nous conduit au deuxième micro-mouvement : le remplacement de la spatialité par la dimensionnalité. La dimensionnalité, comme ce qui résiste à la grille architecturale, est très présente dans le travail de La Ribot et apparaît dans l'importance donnée aux jeux d'échelle : actions disproportionnées par rapport aux voix ou aux chansons, gestes trop grandioses pour les dimensions de la salle (échelle dysfonctionnelle) ; dessins qui renferment des versions réduites d'eux-mêmes, objets alignés dans une perspective forcée (échelle déformée). Ces échelles dysfonctionnelles et déformées révèlent l'inadéquation de la spatialité orthogonale face à la spécificité de la dimensionnalité impalpable dans laquelle La Ribot d'obstine à inscrire la présence de son corps.

Troisième série de micro-mouvements : La Ribot accomplissant avec rigueur des actes immobiles, comme pour souligner l'épaisseur du temps qui se contracte dans la dimensionnalité impalpable du non-représentationnel[4]. Par exemple, lorsqu'elle est allongée nue sur le dos à côté du mur, respirant avec le diaphragme ; ou lorsque, sur le ventre, elle met une perruque blonde ; ou quand les jambes couvertes de papier blanc, elle gît sur le sol, devenue une sirène traversée de spasmes tranquilles sur le carton sec, sac d'énergie, vision étrange d'une féminité sublimée ; ou encore lorsque, debout, elle boit d'un trait un litre et demi d'eau, puis s'étale sur le sol et ne pisse pas.

La production de cette dimensionnalité impalpable mais matériellement présente (dans des actions, des sons, des gestes, des actes immobiles et la transformation d'un effet synesthésique en opération an-archi-tecturale) place *Panoramix* au cœur d'une critique de la représentation dans la performance contemporaine. C'est également la raison pour laquelle *Panoramix* ne peut être vu comme une réitération chronologique de pièces anciennes, une simple accumulation de travail passé. En sapant le cadrage spatial orthogonal de la représentation, *Panoramix* en mine également la temporalité linéaire rigide.

Renversement

En tant que travail sur les limites, qui creuse et érode un espace entre art de la performance, arts plastiques, théâtre et chorégraphie, les trente-quatre pièces exigent cette perturbation architecturale qui n'est pas sans implications temporelles. L'une d'entre elles permet de resituer *Panoramix* dans une temporalité radicalement différente : La Ribot a commencé son travail dans la boîte noire des *13 Piezas distinguidas* et *Más distinguidas* au début des années 1990 et s'est déplacée vers l'espace de la galerie avec *Still Distinguished* en 2000 ; ce que propose et réalise *Panoramix*, en sapant la chronologie, est peut-être moins un point d'arrivée de la série des *pièces distinguées* qu'une affirmation de son existence en tant que point de départ.

Une réflexion sur cette perturbation temporelle qui part de l'opération de recouvrement du plan horizontal est essentielle pour comprendre la critique que fait La Ribot des stratégies de représentation dans les arts plastiques, le théâtre, la performance et la danse. La façon dont La Ribot recouvre le plan horizontal souligne ce que Paul Carter voit comme l'élément le plus négligé dans la réflexion théorique sur la théâtralité occidentale, y compris la danse, à savoir le plan horizontal qui soutient la présence de l'acteur ou la silhouette virevoltante du danseur[5]. Le fait de couvrir pour mieux révéler le plan horizontal de la galerie est le premier signe que la représentation ne trouvera pas dans *Panoramix* un havre tranquille. Avant même que ne débutent les actions de La Ribot, un démantèlement subtil est déjà à l'œuvre.

Pourtant une question stupide, trop littérale et néanmoins absolument nécessaire traverse la dramaturgie de l'espace créé par *Panoramix*. D'où vient tout ce carton ? La première réaction est le rire, comme c'est le cas avec plusieurs pièces. Mais, une fois le rire arrêté, elle ne paraît pas si déraisonnable. En fait, *Panoramix* semble rapidement apporter une réponse, voire *la* réponse : au début des trente-quatre pièces, La Ribot détache du mur un morceau de carton minuscule et se met à arpenter la galerie de long en large, tenant ce morceau parallèle au plan vertical des murs et de son corps. C'est dans la pièce distinguée n°2 (« Fatelo con me », « Faites-le avec moi »), titre d'une chanson de variété italienne qui accompagne la pièce, chantée par Anna Oxa. Cette pièce révèle clairement que La Ribot introduit un plan de carton vertical comme partenaire privilégié de sa performance dès le début de la série. Ainsi, tandis qu'Oxa chante et demande avec insistance qu'on « le fasse avec elle », La Ribot déambule avec son carré de carton, qu'elle tient toujours à la verticale, toujours perpendiculaire au plan horizontal, toujours le long de son corps, comme pour nous rappeler précisément l'alliance intrinsèque entre la verticalité des murs et la verticalité de l'image du corps en représentation. Est-il possible que ce petit morceau de carton, apparemment surgi de nulle part dès le début des *Piezas distinguidas* dix ans avant qu'ait été conçu *Panoramix*, soit à l'origine de tout cela, un *Panoramix* portable, perpendiculaire, anachronique ? S'il en est ainsi, comment se fait-il qu'il soit passé de la verticalité, le long du corps de La Ribot, nu et debout, à l'horizontalité ? Est-il possible qu'il soit à la base de démarches établies préalablement ? Pourquoi a-t-il été renversé sur le sol avant de se répandre jusqu'aux limites mêmes de l'espace ?

Dans « Horizontality[6] », Rosalind Krauss se réfère à un texte de jeunesse de Walter Benjamin où celui-ci établit une distinction entre plan horizontal et plan vertical dans leur rapport au dessin et à la peinture[7]. Le plan vertical, selon Benjamin (et Krauss acquiesce), serait celui de la peinture, de la représentation, de ce qui « contient les objets ». Le plan horizontal, lui, appartiendrait au dessin, au marquage graphique, à tout ce qui « contient des signes ». Krauss diverge de la réflexion de Benjamin pour penser le renversement du plan vertical (de la peinture et de la représentation) sur le plan horizontal (du dessin et de l'écriture) qu'opère Jackson Pollock dans ses *drip paintings*. Pour Krauss, ce renversement de la verticalité est un acte fondamental qui interroge tout un ensemble de présupposés architecturaux contenus dans l'économie visuelle de la culture savante. L'abaissement de la toile du vertical à l'horizontal permet non seulement le développement de la technique du *dripping* de Pollock, mais, plus encore, il subvertit radicalement la verticalité (phallique) du plan de la représentation dans son rapport symétrique à la figuration.

Or ce qui, littéralement, soutient tout le plan vertical de la représentation est une lutte contre la gravité où la figure humaine et le corps humain émergent de la même façon que l'orthogonalité de la norme architecturale. L'opération de renversement implique donc de permettre à la pesanteur de s'exercer sur le plan vertical de la représentation. Comme le dit Krauss, « fonction du bien-construit, la forme est donc verticale parce qu'elle peut résister à la gravité ; ce qui cède à la gravité est ainsi une *anti-forme*[8] ». Ce projet « anti-gravité » n'est pas l'apanage des arts plastiques. Il constitue la signature du spectacle de danse occidental depuis la fin du XVIIIe siècle, avec l'invention des pointes et la résistance à la pesanteur de la ballerine, et a été théorisé non seulement en termes de technique mais aussi de forme, notamment par A. K. Volinsky dans sa célèbre apologie du vertical[9]. Là encore, la question est celle de l'architecture comme structure de lisibilité ; c'est la question de l'analogie entre le projet antigravitationnel de l'architecture et la formation du plan de la représentation comme intrinsèquement vertical. À propos de ces parallèles entre gravité, représentation, architecture, figure verticale et poids du regard, Paul Virilio écrit :

> Le poids et la gravité sont des éléments clés dans l'organisation de la perception. La notion de haut et de bas en rapport avec la gravité terrestre n'est qu'un élément de perspective. La perspective du *Quattrocento* ne peut pas être séparée de l'effet d'orientation du champ de vision que cause la gravité, et la dimension frontale de la toile qui n'est jamais oblique. La peinture et la recherche sur la perspective ont toujours obéi à une dimension frontale[10].

L'opération de démantèlement à l'œuvre dans *Panoramix* consiste à renverser le plan vertical (associé par mimétisme à la dimension théâtrale) sur un plan horizontal (associé à la danse comme glissement et marquage) puis à ajouter de l'épaisseur, de la température et de la texture à cette horizontalité renversée, tout en permettant aux nombreux micro-mouvements de transformer l'espace orthogonal en dimension impalpable. Ces mouvements de translation font inévitablement intervenir de nombreuses obliques. Non seulement des angles obliques, médiations entre le vertical et l'horizontal, mais des regards obliques du coin de l'œil.

Ici, l'action ne peut démarrer et se réaliser que selon une conception très spécifique de la présence du corps en rapport avec le poids du regard. Cette conception implique la présentation d'un corps en constante oscillation entre la représentation (plan vertical) et le plan horizontal du choré-graphique. C'est une oscillation fondamentale qui, dans le cas des pièces de La Ribot, se réalise au travers de trois opérations : la dilution de l'orthogonal, la dilution de la nature objectale des objets employés dans les pièces et la dilution de la subjectivité attachée à ce qui est perçu comme partie prenante du système de représentation.

Le recouvrement du plan horizontal par un morceau de carton renversé puis hyper-distendu, issu du tout début des *Piezas distinguidas*, au moment même où La Ribot conclut à la Tate Modern sa série des pièces distinguées, doit être vu comme l'extension gestuelle d'une opération démarrée dix ans auparavant dans le cadre vertical de la scène (théâtrale). Dans le cadrage oscillant de *Panoramix*, toutes les *Piezas distinguidas* semblent non seulement se déployer dans le temps mais aussi dans une dimension géométrique renversée. Ce déploiement vers le sol souligne précisément la nécessité d'une topographie qui tienne compte du sol où se situe la représentation. Cette topographie inclurait dans sa cartographie du terrain les nombreux objets que La Ribot fait sans cesse tomber avec désinvolture sur le carton après les avoir utilisés dans chaque pièce, de même que les nombreux non-objets ou quasi-sujets, qui ressemblent aux amas de couleurs informes et de formes dysfonctionnelles qui, à mesure que se déroule *Panoramix*, peuplent le carton : nos propres corps assis par terre, regroupés contre le plan vertical rassurant, devenant de purs amas de poids, de masse, de couleur. La dimensionnalité non représentationnelle proposée par *Panoramix* inclut inévitablement un public déjà au sol.

Là encore, Paul Virilio nous rappelle que toute critique de l'orthogonal débouche sur une « géométrie politique » dont la conséquence ultime est la création d'une dimension « topotonique » qui, pour reprendre les termes de l'urbaniste, pourrait également être définie comme « une sorte d'érotisation du sol ». Comme l'observe Condé-Salazar : « Ici, (dans l'espace de la galerie où La Ribot donne sa performance), la seule certitude est le poids de notre corps sur le sol[11]. » Il ne s'agit pas d'une protestation contre « l'absence de signification » dans le travail de La Ribot, mais d'une observation phénoménologique aiguë de notre propre choséification dès lors que se produit la chute du vertical représentationnel ; c'est la description de nous-mêmes devenant sol, dans l'horizontalité érotique du carton au sol chantant *Fatelo con me*.

Danse dénudée

Rosalind Krauss propose des associations inexplorées entre l'horizontalité en peinture — avec et après Pollock — et le sol de la danse. Ces associations, nous dit-elle, ont d'abord été établies par la critique d'art à propos des *drip paintings* de Pollock, puis par des artistes qui réagirent au travail de Pollock (dont Andy Warhol et Robert Morris). Dans les deux cas, nous avons une curieuse coïncidence des perceptions : les critiques aussi bien que les artistes virent ce nouveau sol investi par la peinture comme *étant* le même que celui utilisé par la chorégraphie et la danse. Dans le texte de Krauss, cette perception est illustrée de façon frappante par les *Dance Diagrams*[12] d'Andy Warhol du début des années 1960, où apparaît dans toute sa clarté le rapport isomorphique historique entre le spectacle de danse occidental et l'espace horizontal de l'inscription.

Quel est le rapport entre *Panoramix* et cette perception de la contiguïté entre le sol investi par la peinture et le sol de la danse ? Un postulat opère peut-être de façon invisible depuis le début de ce texte : malgré l'ambiguïté de leur appartenance à un genre spécifique (performance, art conceptuel, nouveau théâtre, danse) et malgré la présence vivace des arts plastiques dans le travail de La Ribot, *Panoramix* et toute la série des *Piezas distinguidas* ne peuvent pas être situés en dehors du cadre onto-historique du spectacle de danse occidental. Ce cadre a généré, comme modèle privilégié de la représentation, un corps susceptible de fonctionner simultanément sur les deux plans du cadrage : le plan vertical de la représentation d'objets et le plan horizontal de l'écriture et du dessin. Ce corps dansant sur deux plans, littéralement orthogonal, au service de la lisibilité, en soi architectural, est un corps qui tient à distance toute dimension oblique, tout replis, tout renversement et toute perturbation de son espace orthogonal par la dimensionnalité. C'est un corps dont l'intégration et la conformité passent par la division entre les deux plans de la représentation énoncés par Benjamin : le plan vertical-représentationnel-mimétique, qui correspond au plan de la figuration frontale de la danseuse, de l'inclusion de son corps dans le programme architectural de la (re)présentation visuelle, et l'espace horizontal-graphique du signe correspondant au plan des pas et des glissades qu'elle exécute. Ce corps divisé orthogonalement de la danseuse occidentale, doublement et simultanément inscrit dans le plan vertical et horizontal de la représentation, a produit un mode spécifique de perception de la présence dans le champ du visible. Sur le plan vertical, la perception doit entrer dans les paramètres de la perspective linéaire (comme l'exigeait déjà Noverre) ; sur le plan horizontal, il doit suivre le pas, pour garantir la possibilité de reproduire le dessin chorégraphique (comme chez Feuillet, par exemple). Dans les deux cas, ce qui est privilégié, c'est la visibilité comme reproductibilité de la lisibilité.

En réfléchissant à la façon dont tout le travail de La Ribot est engagé dans une critique cohérente de l'orthogonalité des structures de la représentation dans laquelle s'inscrit le mode de production du corps de la danseuse ou du danseur, l'une de ses premières pièces me revenait constamment en mémoire. Cette pièce qui entretenait un rapport ambigu avec la série distinguée n'était pas incluse dans *Panoramix*. Or cette pièce liminale me paraît constituer un préalable nécessaire à la création de la série, et *Panoramix* semble y renvoyer inéluctablement et constamment. En écrivant ce texte, je décidai d'envoyer un e-mail à La Ribot à propos de cet étrange souvenir ; voici ce qu'elle me répondit :

> La pièce dont vous parlez est un strip-tease que j'ai fait dans une pièce très mauvaise, *12 toneladas de plumas*, que j'avais créée pour trois danseurs et 20 figurants à Madrid en 1991. Je ne dansais pas dans la pièce en dehors de ce strip-tease, que je faisais simplement au beau milieu d'une pièce dénuée de sens. En fait, c'était une *aparicíon* plutôt idiote et drôle. Pour moi, c'est le germe qui est à l'origine des pièces distinguées et la fin, pour un certain temps, du travail avec d'autres — ou le début d'un travail en solitaire avec les pièces distinguées. Je l'ai conservée avec le titre *Socorro ! Gloria !*
> […]
> Comme elle était très drôle pour moi et qu'elle avait du succès, je l'ai conservée longtemps en introduction des *13 Piezas distinguidas*, la première série des pièces distinguées.

Qu'est-ce qui, dans cette pièce, constitue exactement le « germe » à l'origine des *Piezas distinguidas*, tout en servant de préface à la série ? Comme l'explique La Ribot, c'est un strip-tease, mais hyperbolique. Elle entre sur scène couverte d'une dizaines de couches de vêtements, au point d'être déformée, s'assied sur une chaise devant un micro, marmonne des paroles incompréhensibles, et retire peu à peu ses vêtements jusqu'à ce qu'elle soit nue. Ce corps nu est celui qui, bientôt, habitera la série des *Piezas distinguidas*. Ainsi, en délimitant déjà la stratégie de construction d'un corps dansant qui se dénude et résiste à la tentation de s'inscrire dans le système de représentation habituel, *Socorro ! Gloria !* préfigure les *Piezas distinguidas* parce qu'il contient déjà le projet an-achitectural que réalisera plus tard *Panoramix*. Lorsque La Ribot s'assied sur une chaise devant un micro, dans une boîte noire théâtrale, elle lance le premier mouvement vers ce renversement radical du plan vertical de la représentation. La silhouette déformée par toutes ces couches de vêtements, toujours encadrée par la membrane verticale des quatre murs, elle evolue lentement vers la silhouette dévêtue à la chevelure flamboyante qui, dix ans plus tard, investira le plan horizontal de la galerie. Bientôt, quelques années plus tard pour être précis, elle déambulera nue en tenant sous le bras à la verticale un carré de carton. Dix ans plus tard encore, le morceau de carton trouvera sa place sur le sol, et se distendra à l'infini.

Contraction

Pour conclure, quelques mots sur le temps. Comment *Panoramix* opère-t-il un démantèlement temporel ? Cette opération est-elle symétrique au démantèlement spatial réalisé par la production d'une dimensionnalité propre? Revenons à la structure non-panoramique de *Panoramix*. En complétant le revêtement présent-absent du sol de la galerie, les murs entretiennent un rapport métonymique avec le carton. Nous voyons, fixés sur les quatre murs blancs avec du ruban adhésif marron, toutes sortes d'objets improbables employés dans les trente-quatre pièces : plusieurs vêtements, une chaise, des ailes d'ange, un poulet de caoutchouc, du tissu, du papier, encore du carton, une petite radio, une bouteille d'eau, des cigarettes, des lunettes de plongée... Mais cet étalage qui nous entoure ne produit aucun récit globalisant, et le déroulement des pièces ne fera que souligner à quel point le récit n'a pas sa place dans ce projet. Pour Stephen Ottermann[13], le projet du panorama postule la construction d'un système visuel qui implique un regard globalisant et isomorphique posé sur un récit historique. L'effet d'ensemble de *Panoramix* comme installation et performance est incontestablement étranger à cette démarche chronologique. C'est là qu'un démantèlement temporel fait écho au renversement spatial dans la présentation par *Panoramix* de son propre caractère passé.

Panoramix n'est pas de l'ordre de l'accumulation historique — terme dont les connotations dans l'histoire de la danse évoquent les œuvres minimalistes d'Yvonne Rainer dans les années 1960 et au début des années 1970, et les *Accumulation Pieces* de Trisha Brown au début des années 1970. *Panoramix* appartient à un horizon temporel différent (tout en partageant avec ces chorégraphes l'héritage du minimalisme et de l'art conceptuel) et produit une temporalité clairement autre. Plutôt que cumulatif, son effet est contractile. Dans *Panoramix*, il y a une contraction spatiale et temporelle. Cette dernière implique une conception de la temporalité qui me semble entretenir un lien analogique avec le fonctionnement de La Ribot dans l'espace. Ce terme de contraction est emprunté à la philosophie bergsonienne — où le présent s'ouvre, simultanément et en permanence, sur le passé dans un mouvement de dilatation, et sur l'avenir[14] par contraction. Pour la performance en général, et plus particulièrement pour une performance qui, délibérément et explicitement, se présente sous le signe de l'historique (du panoram(ix)), la notion de contraction a des implications profondes pour la compréhension du rapport du corps à la temporalité, à la mémoire et à l'action. La contraction, en effet, implique non seulement que le corps s'ouvre à l'avenir, mais aussi à toutes les forces d'un corps sujet à la temporalité, dans ce que Deleuze appelle la subjectivité-contraction[15]. Ici, le passé émerge comme contemporain du présent qui a été et s'étend comme matière-mémoire. Quel est l'élément privilégié qui tisse en permanence la contemporanéité dans ce qui est passé et dans ce qui est à venir, sinon le corps — non dans la grille, mais dans une dimensionnalité aux plis multiples ?

Panoramix agit dans le temps présent tout en poussant le passé contre le futur de la mémoire. C'est l'opération qui unit le virtuel et le réel, l'absence et la présence — la contraction. Mais *Panoramix* présente la contraction comme ne pouvant se produire qu'après un renversement du plan vertical de la représentation, et après que le plan horizontal de l'inscription a été rendu oblique. La perturbation de l'espace, la production de dimensions, la contraction de tout ce qui est à venir mais reste non annoncé, tout cela advient dans les échanges entre la grille orthogonale représentationnelle soutenant le poids du regard et les dimensionnalités obliques des plis, des masses, et des champs de force non gravitationnels du regard.

Vision : La Ribot gisant sur le carton telle une sirène, son corps agité de spasmes jouxtant nos corps amassés sur le sol. Nous ressentons notre pesanteur, notre regard tourné vers le

bas, notre présence fait se matérialiser encore sa présence et gagne en densité dans la lueur-bourdonnement du sol odorant.
Vision : La Ribot au sol, doublement vibrante, son corps tel un vestige de l'image reconnaissable, même renversée, de la féminité iconique.

Traduit de l'anglais par Catherine Delaruelle

1. Trouble de la perception sensorielle.
2. Nous emploierons ici le terme d'architecture dans la définition que lui donne Dennis Hollier, à savoir une participation complice de l'espace construit au mode d'organisation des conventions de représentation. En d'autres termes, l'architecture comme économie de la lisibilité, comme double structure de citation et d'imposition. Dennis Hollier écrit : « L'architecture, avant toutes autres qualifications, est identique à l'espace de représentation » (p. 31) ; il conclut : « lorsque la structure définit la forme générale de la lisibilité, ne devient lisible que ce qui est soumis à la grille architecturale (p. 33). Voir Dennis Hollier, *Against Architecture*, Cambridge-Londres : MIT Press, 1992. Un autre terme peut correspondre à cette conception de l'architecture, le néologisme de Derrida « economimésis » : l'autorépétition du même comme loi (*nomos*) de la maison (*oikos*). Voir Jacques Derrida, *La Vérité en peinture*, Paris : Flammarion, 1978.
3. Voir Alain Borer, *The Essential Joseph Beuys*, Londres : Thames and Hudson, 1996, p. 19.
4. L'espace qui n'est pas celui de la représentation, l'espace abstrait. Voir André Lepecki, « Still. On the vibratile microscopy of dance », *in Re/Membering the Body*, sous la dir. de Brandstetter et Völckers, Cantz Verlag, 2000.
5. Paul Carter, *The Lie of the Land*, Londres : Faber & Faber, 1996.
6. Rosalind Krauss, « Horizontality », *in* Yves-Alain Bois et Rosalind Krauss, *Formless*, New York : Zone Books, 1997, p. 93-103.
7. Walter Benjamin, « Painting and the Graphic Arts », *in Walter Benjamin, Selected Writings, 1913-1926*, Cambridge-Londres : Harvard University Press, 1996 p. 82.
8. Rosalind Krauss, *op. cit.*, p. 97.
9. A. K. Volinsky, « The Vertical : the fundamental principle of classic dance », *in* Copeland et Cohen (dir.), *What is Dance ?*, Oxford : Oxford University Press, 1983, p. 255-257. Le terme « antigravitationnel » se trouve dans le célèbre texte de Kleist de 1810 sur le théâtre de marionnettes.
10. Enrique Limon, et Paul Virilio, « *Paul Virilio and the Oblique — an interview* », *in Sites and Stations, Provisionnal Utopias, Lusitanea* # 7, p. 178.
11. Jaime Condé-Salazar, « On the ground », *Ballet Tanz*, Berlin, octobre 2002.
12. Acryliques sur toile repésentant des schémas de pas de danse au sol.
13. Stephan Otterman, *The Panorama. History of a Mass Medium*, New York : Zone Books, 1997.
14. L'avenir doit être distingué du futur, comme l'a signalé Jacques Derrida. L'un relève du déploiement toujours imprévu, l'autre de l'enrégimentement programmatique d'une chronométrie efficace.
15. Gilles Deleuze, *Le Bergsonisme*, Paris : PUF, 1966, p. 47.

Toppling: *Panoramix* and the Weight of Vision

André Lepecki

A YEAR AGO, more precisely in March of 2003, I was sitting next to a few dozen people on a cardboarded floor in one of Tate Modern's large gallery spaces. Glued to the wall as audiences of live art tend to be when not sure about where the proscenium is, feeling the warmth of the cardboard and sensing its indefinable smell-colour, we were all attending *Panoramix*, the piece where Maria La Ribot performs, for a little over three hours, all of her thirty-four *Piezas distinguidas*.

The event at Tate — presented within the context of Live Art, a collaboration between Tate Modern and Live Art Development Agency — marked the first time *Panoramix* was performed. The title and purpose of the performance merged together to suggest a summation, an overview of the ten-year process that took the Spanish artist from her first distinguished piece in 1993 to her last in 2003. However, as I settled in the gallery space waiting for La Ribot's arrival, it became apparent that the set-up of the room undermined any possibility of framing *Panoramix*, as its name implies, as an all-embracing optical-historical panorama. Rather, both the cardboard — simultaneously emphasizing and hiding the floor of the gallery — and the dozens of disparate, improbable objects used in the thirty-four pieces taped next to each other on the surrounding four walls, made clear that *Panoramix* would not be content with simply representing or re-staging past activities, nor with surveying La Ribot's creative path while developing her distinguished series (*13 Piezas distinguidas* [1993-94], *Más distinguidas* [1997], *Still distinguished* [2000]).

From effect to operation

The cardboard covering the entirety of the gallery floor generated a synaesthetic[1] effect, which in turn prefaced La Ribot's arrival by framing her absence, by suggesting her quasi-presence in that muffled brown hum. But La Ribot quickly transformed this synaesthetic *effect* into an aesthetic *operation*, whose impact and consistency gave *Panoramix* an autonomous force that reached beyond the panoramic summation of a trajectory. While waiting for the piece to be presented, and while witnessing its progression, synaesthesia operated at more levels than just creating perceptual short-circuiting. Indeed, if the cardboard floor did emanate a sense of warmth, and if this warmth did cast a soft glow of undefined colouring on it all — people, walls, light, objects —, and if this glow did confer a specific texture to the whole experience — not so pleasurable to the touch — and if this texture did generate a muffled zone — not a quiet zone, but a zone of sound-contraction — all these effects combined were intended to exceed the pure fusion of modes of sensory perception. Such an operation had one specific aim: architectural disturbance.[2] Any gallery space imposes an orthogonal grid on the art it hosts, which is that of the cubic space of representation. It is this dubious neutrality of the gallery space that La Ribot targets, developing in her work a consistent critique of the orthogonality of representational structures habitually associated with the dancer.

In *Panoramix's* operation of disturbance, series of micro-movements were put into motion right from the start, their invisibility attesting to rather than undermining their material force and impact. From the very first micro-movement — the subtle smell of the cardboard — the representational space of the gallery was no longer perceived as purely visual. The olfactory dimension relentlessly eroded the solidity of planar surfaces, undermining the gallery's trust in its planar orthogonality. Smell blurred straight lines and folded flat planes; it vaporized the rigid striation of the orthogonal grid. Smell distended the horizontal and vertical planes into many obliques, folds, and curves, thus creating what Alain Borer (writing on the role of smell in the work of Joseph Beuys) called an *impalpable dimension*.[3] It is the production of such an impalpable and yet materially impacting dimension that traverses *Panoramix*.

This impalpable dimension brings us to the second micro-movement: the replacement of spatiality by dimensionality. Indeed, uses of dimensionality as that which resists the architectural grid abound in La Ribot's work. This is seen in the emphasis on the role of scale in her pieces: actions out of proportion with voices or songs, or gestures that are too grandiose for the dimensions of the room (dysfunctional scale); drawings that contain smaller versions of themselves within themselves, or objects aligned according to a forced perspective (distorted scale). Both distorted scales and dysfunctional scales reveal the inadequacy of orthogonal spatiality before the specificity of the impalpable dimensionality, where La Ribot insistently inserts the presence of her body.

Third series of micro-movements: La Ribot rigorously performing *still* acts, as if to emphasize the thickness of time contracting in this impalpable dimensionality of the non-representational.[4] For instance, when she lies down naked next to the wall, belly up, she is breathing diaphragmatically; or when, belly down, she dons a blond wig; or when, covering her legs with white paper, she lies on the floor to become a mermaid spasming quietly on dry cardboard, a pulsing sac of energy, odd vision of sublimated femininity; or when, standing up, she drinks without catching her breath a litre and a half of water, then spreads herself on the floor, and does not piss.

The production — through actions, sounds, gestures, still acts and the transformation of a synaesthetic effect into an-archic-tectural operation — of this impalpable yet materially present dimensionality makes La Ribot's *Panoramix* central to a critique of representation in contemporary performance. This is also why *Panoramix* cannot be just seen as a chronological revisiting of past pieces, or as an accumulation of past work. Its undermining of orthogonal spatial framings of representation also implies an undermining of the rigid linear temporality of representation.

Toppling

As an exploration of boundaries that carves and erodes a frictional space between performance art, visual arts, theatre and choreography, the thirty-four pieces are seen to demand the creation of this architectural disturbance, which is not without temporal implications. One such implication would allow for a radical recasting of *Panoramix's* position in time. La Ribot began her work inside the black box in *13 Piezas distinguidas* and *Más distinguidas* in the early 1990s, and moved towards the gallery space with *Still distinguished* in 2000. What *Panoramix's* undermining of chronology proposes and performs is perhaps less a point of arrival of the distinguished series than a self-affirmation of its existence as a point of departure.

A reflection on such a temporal disturbance departs from the operation of covering the horizontal plane, and this is fundamental to understanding La Ribot's critique of representational strategies in visual arts, in theatre, in performance art and in dance. La Ribot's covering of the ground emphasizes what Paul Carter identified as the most theoretically neglected element in Western theatricality, including dance: the horizontal plane that sustains the standing presence of the actor, or the pirouetting of the dancing figure.[5] The emphatic revealing-by-covering of the horizontal plane of the gallery was the first indication that *Panoramix* would not allow representation to find a tranquil home. Even before La Ribot's actions took place, subtle dismantlings were already under way.

And yet a stupid question, a too literal question, but still an absolutely necessary one, arises in the dramaturgy of space that *Panoramix* sets up: Where did all that cardboard come from? So, first we laugh, as laugh we must at several of the pieces. But once the laughter subsides, the question does not appear to be so unreasonable. Actually, *Panoramix* very soon seems to provide an answer — if not *the* answer — to it. Early on in the unfolding of the thirty-four pieces, La Ribot grabs an incomparably smaller, square piece of cardboard from the wall, and proceeds to walk back and forth across the gallery, carrying it always parallel to the vertical plane of the walls and her body. This is the distinguished piece number 2 ("Fatelo con me" [*Do it with me*], 1993) performed to the sound of the Italian pop song of the same title sung by Anna Oxa. Now, this piece clearly indicates that La Ribot introduced as a privileged partner of her performance a vertical plane of cardboard, and right from the very start of the *distinguidas* series. So, while Oxa sings, emphatically asking us to "do it with her," La Ribot walks naked back and forth with this cardboard square, holding it always aligned with the vertical plane, always perpendicular to the horizontal, always next to her body, as if to remind us precisely of the intrinsic alliance between the verticality of walls and the verticality of the image of the body in representation. Could it be that this small cardboard square, which emerged apparently out of nowhere right at the very start of the *Piezas distinguidas* ten years before *Panoramix* was conceived, is the origin of it all — a portable, perpendicular, anachronic *Panoramix*? If so, how come it travelled from verticality, from siding along La Ribot's upright naked body, to horizontality? Was it so that it could become the floor of previously set steps? Why was it toppled to the ground, and then expanded and stretched out to the very limits of space?

In her essay "Horizontality,"[6] Rosalind Krauss invokes an early fragment by Walter Benjamin, where the German philosopher outlines a distinction between the vertical and the horizontal planes in their relations to painting and drawing.[7] The vertical plane, according to Benjamin (and Krauss agrees), would be that of painting, of representation, of that which "contains the objects." The horizontal plane would be that of drawing, of graphic marking, of all that which "contains signs." Krauss departs from Benjamin's observation to think about the toppling of the vertical plane (of painting and of representation) onto the horizontal plane (of drawing and writing), as performed by Jackson Pollock in his drip paintings. Krauss sees this toppling of the vertical as a fundamental act of throwing into question an entire set of architectural premises contained within the visual economy of high culture. The lowering of the canvas from the vertical onto the horizontal plane allows not only the development of Pollock's dripping technique, but, more importantly, radically subverts the (phallic) verticality of the representational plane in its symmetrical relation to figuration.

Indeed, what literally sustains the whole vertical plane of representation is the constant struggle against the force of gravity, in which the human figure and the human body emerge as akin to the erect orthogonality of proper architecture. Thus, the toppling operation literally implies allowing the gravitational pull to exert its force upon the vertical plane of representation. As Krauss puts it: "A function of the well-built, form is thus vertical because it can resist gravity; what yields to gravity then is *anti-form*."[8] This "anti-grav" project is not exclusive to the visual arts. It has been the signature of Western theatrical dance since the late 18th century, with the invention of point shoes and the ballerina's defiance of gravity, and has been theorized not only in terms of technique but also in terms of form, particularly by A.K. Volinsky in his famous elegy to the vertical.[9] Again, the question is that of architecture as structure of legibility; the question is that of the analogy between the anti-gravitational project of architecture and the formation of the plane of representation as intrinsically vertical. Paul Virilio discusses these parallels between gravity, representation, architecture, the vertical figure and the weight of the gaze:

> Weight and gravity are key elements in the organization of perception. The notion of up and down linked to the earth's gravity is just one element of perspective. The Quattrocento perspective cannot be separated from the orientation effect of the field of vision caused by gravity, and also by the frontal dimension of the canvas, which is never at a slant. Both painting and research on perspective have always been conducted on a frontal dimension.[10]

The dismantling operation in *Panoramix* is that of toppling the vertical plane (associated with theatrics as mimesis) onto a horizontal plane (associated with dancing as gliding and marking), and then of adding thickness, temperature and texture to this toppled-down horizontal, as well as allowing the many toppling micro-motions to transform orthogonal space into an impalpable dimension. These translational movements inevitably bring along the insertion of many obliques. Not only oblique angles, those mediating the vertical and the horizontal, but oblique looks, sliding glances with eyes at an angle.

Here, action can only be initiated and carried out by a very specific understanding of the body's presence in relation to the weight of the gaze. Such an understanding implies the presentation of a body oscillating constantly between the (vertical plane of the) representational and the horizontal plane of the choreo-graphic; a fundamental oscillation which, in the case of La Ribot's pieces, has been performed via three *operations*: the dilution of the orthogonal, the dilution of objecthood in the very objects used in the pieces, and the dilution of a subjectivity subservient to the representational.

The covering of the horizontal plane with a toppled down and then hyper-distended piece of cardboard, coming at the very beginning of the *Piezas distinguidas* and at the very moment when La Ribot concludes the distinguished series at Tate Modern, must be seen as the gestural extension of an operation started ten years previously within the vertical framing of the (theatrical) scene. Within the oscillating framing of *Panoramix*, all of the *Piezas distinguidas* can be seen not only as unfolding in time, but also as unfolding in a toppled geometric dimension. This toppled unfolding precisely emphasizes a need for a topography that attends to the ground, where representation takes place. Such a topography would include in its mapping of the terrain the many objects that La Ribot keeps dropping casually onto the cardboard after using them in each piece. It would also include those many non-objects or quasi-subjects, which most resemble the many lumps of formless colours and dysfunctional shapes, and which, as *Panoramix* unfolds, populate the cardboard, such as our own bodies sitting on the floor, huddled next to the safe plane of the vertical, and becoming lumps of pure weight, mass and colour. The non-representational dimensionality proposed by *Panoramix* inevitably includes the audience as already toppled.

Again, Paul Virilio reminds us that any critique of the orthogonal initiates "a political geometry" whose final consequences are the creation of a "*topotonique*" which, in his words, could also be called "a kind of eroticisation of the ground." As Condé-Salazar once observed: "Standing there, [in the gallery space where La Ribot performs] the only certainty is the weight of our bodies on the ground."[11] This is no complaint about a "lack of meaning" in La Ribot's work. It is an acute phenomenological observation of our selves becoming objects once the toppling of the vertical-representational takes place; it is the description of our selves becoming ground in the erotic horizontality of the toppled cardboard singing *Fatelo con me*.

Stripped Dancing

Returning to Rosalind Krauss' short essay, it is important to think for a moment about the unexplored associations she proposes between horizontality in painting — with and after Pollock — and the ground of dance. Those associations, she tells us, were first established by some art critics reviewing Pollock's drip paintings, and later by some artists responding to Pollock's work (such as Andy Warhol and Robert Morris). In both cases, there is a curious coincidental perception: both critics and artists saw this new toppled ground for painting as *being* the same floor used by choreography and dance. In Krauss' text, this perception is vividly illustrated by Andy Warhol's *Dance Diagrams*[12] of the early 1960s, where the isomorphic historical relation between Western theatrical dance and the horizontal space of inscription are made blatantly apparent.

What does this perception of the contiguity of the ground of toppled painting and the ground of dance have to do with *Panoramix*? Here we can take up an axiomatic claim that has been operating, perhaps invisibly, since the beginning of this text: despite their ambiguous locations within one specific genre (performance art, conceptual art, new theatre, dance), and despite the vivid presence of visual arts in La Ribot's work, *Panoramix* and the entire distinguished series cannot be considered outside of the onto-historical grounding of Western theatrical dance. And what this grounding generated as its privileged representational model was a body which had to be able to operate simultaneously on the two planes of containment: the vertical plane of the representation of objects and the horizontal plane of writing and drawing. This doubly planar, dancing body, literally orthogonal, serving legibility, in itself architectural, is one which keeps at bay any oblique, any folding, any toppling, and any disruption by dimensionality of its orthogonal space. This is a body whose integration and congruence happens *by and in* the split between the two Benjaminian planes of representation: the vertical-representational-mimetic plane corresponding to the plane of the dancer's frontal figuration in space, of her body's inclusion in the architectural programme of visual (re)presentation; and the horizontal-graphic space of the sign corresponding to the plane of the dancer's executed steps and glissades. This orthogonally split body of the western dancer, doubly inscribed simultaneously onto the vertical and onto the horizontal planes of representation, has created a specific mode of perceiving presence in the field of visibility. On the vertical plane, it demands that perception fall within the parameters of linear perspective (as already required by Noverre); on the horizontal plane, it demands that the body fall into step, so as to guarantee the possibility of reproducing the choreo-graphic design (as with Feuillet, for instance). In both cases, it is visibility as reproducibility of legibility that is privileged.

While thinking about how La Ribot engages her entire work in a consistent critique of the orthogonality of representational structures and of orthogonality's specific mode of producing the dancer's body as representational, one of her early pieces kept resurfacing in my memory. This piece, which stands ambiguously in its relation to the distinguished series, was not included in *Panoramix*. However, I see this liminal piece as the necessary condition for La Ribot to initiate the distinguished series, on to which *Panoramix* inevitably and incessantly talks back to. When writing this text, I decided to e-mail La Ribot on this odd memory of a piece when writing this essay. Her reply:

> The piece you ask me is a strip-tease I did in a terrible, bad piece, *12 toneladas de plumas* that I did for 3 dancers and 20 extras in Madrid in May 1991. I didn't dance in this piece apart from this strip-tease. I just did this thing in the middle of a no sense piece. Actually it was quite funny and silly "aparición".
> For me this is the seed of distinguished pieces and the end for a while of working with people — or the beginning of working alone in the distinguished pieces. I saved it with the title *Socorro! Gloria!*
> [...]
> Because it was very funny for me and quite a successful thing, I put it for a long time before the first distinguished pieces.

What exactly is this piece which "seeds" the *Piezas distinguidas* and at the same time served for a while as the series preface? It consists, as La Ribot narrates, of a "strip-tease" — but a hyperbolic one. She enters the stage dressed with dozens of layers of clothes to the point of deformity, and sits on a chair before a microphone, mumbling imperceptible words as she gradually takes her clothes off until she is naked. This naked figure is the one who will soon populate the distinguished series. Thus, by already outlining strategies for the construction of a stripped dancing body resisting the temptation to identify itself with the habitual representational system, *Socorro! Gloria!* prefaces the *Piezas distinguidas* because it already contains the an-architectural project which *Panoramix* will later perform. When La Ribot sits on a chair before a microphone in a theatrical black box, she is initiating the first movement towards the radical toppling of the vertical plane of representation. Her figure distorted by many layers of garments and still framed by the vertical membrane of the fourth wall as it slowly proceeds to become the disrobed figure with flaming hair who will, ten years later, invade and operate upon the horizontal plane of the gallery. Soon, a couple of years later to be precise, she will be pacing back and forth naked carrying a square piece of cardboard vertically under her arms. Ten years after that, the piece of cardboard will find its place on the ground, distended and limitless.

Contraction

A few concluding words about time: How does *Panoramix* accomplish temporal dismantling? And is this operation symmetrical to the dismantling of spatiality and the production of dimensionality? Let us return to the non-panoramic set up of *Panoramix*. Supplementing the absent/present flooring of the gallery, the walls entail a metonymical relation to the cardboard. Taped with broad brown tape on all of the four white walls, we find all sorts of improbable objects used in the thirty-four pieces: several pieces of garments, a chair, angel wings, a rubber chicken, cloth, paper, more cardboard, a small radio, a bottle of water, cigarettes, goggles... But the surrounding display generates no overarching narrative; and the unfolding of the pieces will only emphasize how narrative finds no room in this project. According to Stephan Ottermann[13], the project of the panorama posits the construction of a visual apparatus that implies an over-arching gaze, which is isomorphic to a historical narrative. The overall effect of *Panoramix* as installation and performance is definitely foreign to such a chronological project. This is where a temporal dismantling parallels a spatial toppling in *Panoramix's* presentation of its own pastness.

Panoramix is not about historical accumulation — a term whose connotative charge for dance history immediately evokes the minimalist works of Yvonne Rainer in the late 1960s and early 1970s, and Trisha Brown's *Accumulation Pieces* in the early 1970s. *Panoramix* derives from a slightly different time line (it shares with these choreographers the legacy of minimalism and conceptual art), and produces a definitely different temporality. Rather than accumulative, its effect is contractile. In *Panoramix*, there is spatial and temporal contraction. The latter implies an understanding of temporality that I find analogous to La Ribot's operation on space. Contraction is a term drawn from the philosophy of Bergson — it implies an understanding of the present as simultaneously and permanently splitting open towards the past in dilation, and towards what-will-come[14] in contraction. For performance in general, and specifically for a performance which purposefully and explicitly presents itself under the guise of the historical (the panoram(ix)), the notion of contraction has profound implications for the understanding of the body's presence in relation to temporality, memory and action. For, contraction implies not only the body opening itself up towards what-will-come, but to all the potencies of the temporally subjected body, in what Deleuze called contraction-subjectivity.[15] Here, the past emerges as contemporaneous to the present, which has been and extends itself as matter-memory. And what, if not the body, is the privileged element that constantly performs this weaving of contemporaneity into pastness and back towards the future, not in the grid but in a many-folded dimensionality?

Panoramix acts in the present tense while pushing the past against the future of memory. This is the operation uniting the virtual with the material and absence with presence — contraction. But *Panoramix* proposes that contraction can happen only after the toppling of the vertical plane of representation and only after the angling of the horizontal plane of inscription. Disturbance of space, production of dimensions, contraction of all that is to come but still remains unannounced — all happening in the exchanges between the orthogonal-representational grid, which holds the gaze's weight and the oblique dimensionalities of folds, masses, and non-gravitational force-fields of the gaze.

Vision: La Ribot lying as mermaid of the cardboard, spasming next to our bodies huddled on the floor. Feeling our weight, our eyes gazing down, our presence make her presence materialize anew, gain a new density within the glow-hum scent of the floor.

Vision: La Ribot pulsating on the floor, and pulsating the floor, her body a remnant of a recognizable, if toppled, image of iconic femininity and dance.

1. Synaesthesia is defined as a sensory disorder.

2. Architecture is understood here and throughout this essay in the sense Denis Hollier defines it, that is: as a built space's participation in and complicity with the tight reproductive economy of representational propriety. In other words: architecture as an economy of legibility, as a double structure of citationality and command. Denis Hollier notes: "Architecture, before any other qualifications, is identical to the space of representation" (p. 31), and he concludes "when structure defines the general form of legibility, nothing becomes legible unless it is submitted to

the architectural grid" (p. 33). See Denis Hollier, *Against Architecture* (Cambridge Mass, and London: MIT Press, 1992). Another word for this kind of understanding of architecture could be Derrida's neologism "economimesis": the self-repetition of the same as the law (*nomos*) of the house (*oikos*). See Jacques Derrida, *The Truth in Painting* (Chicago: University of Chicago Press, 1987).

3. See Alain Borer, *The Essential Joseph Beuys* (London: Thames and Hudson, 1996), p. 19.

4. The space, which is not that of representation, is an abstract space. See André Lepecki, "Still. On the vibratile microscopy of dance," in *Re/Membering the Body*, Brandstetter and Völckers, eds. (Cantz Verlag, 2000).

5. Paul Carter, *The Lie of the Land* (London: Faber and Faber, 1996).

6. Rosalind Krauss, "Horizontality," in Yves-Alain Bois and Rosalind Krauss, *Formless* (New York: Zone Books, 1997), pp. 93-103.

7. Walter Benjamin, "Painting and the Graphic Arts," in *Walter Benjamin. Selected Writings 1913-1926* (Cambridge, Mass and London: Harvard University Press, 1996), p. 82.

8. Rosalind Krauss, "Horizontality," p. 97.

9. A.K. Volinsky, "The Vertical: the fundamental principle of classic dance," in *What is Dance?*, Copeland and Cohen eds. (Oxford: Oxford University Press, 1983), pp. 255-257. The term "anti-grav" can be found in Kleist's famous 1810 text on the puppet theatre.

10. Enrique Limon and Paul Virilio, "Paul Virilio and the Oblique — an interview," in *Sites and Stations. Provisional Utopias, Lusitanea #7*, p. 178.

11. Jaime Condé-Salazar, "On the ground," *BalletTanz* (Berlin, October 2002).

12. Acrylic on canvas paintings depicting floor patterns for dance steps.

13. Stephan Otterman, *The Panorama History of a Mass Medium* (New York: Zone Books, 1997).

14. I am using in English "what-will-come" in the sense of the French "l'avenir." What will come (l'avenir) is to be distinguished from the "future," as Jacques Derrida has already pointed out. One belongs to the always unforeseen unfolding; the other to the programmatic regimentation of efficient chronometry.

15. Gilles Deleuze, *Bergsonism* (New York: Zone Books, 1988), p. 53.

La Ribot interprétant/performing *Manual de uso* (n° 20), 1997. Photo: Isabelle Meister

ADRIAN HEATHFIELD développe une activité d'écrivain et de conservateur autour du spectacle contemporain. Il a dirigé la publication de *Live : Art and Performance* (Tate, 2004), *Small Acts* (BDP 2000), *On Memory* (numéro de *Performance Research*, Routledge, 2000) avec Andrew Quick, et *Shattered Anatomies* (Arnolfini, 1997) avec Andrew Quick et Fiona Templeton. Il a coorganisé *Live Culture*, une série de performances de quatre jours et un colloque international de deux jours sur la situation des arts, à la Tate Modern, à Londres en mars 2003, avec Lois Keidan et Daniel Brine, et une série de performances nationale, *Small Acts at the Millennium*, avec Lois Keidan et Tim Etchells. Il est *Principal Research Fellow* à l'université de Nottingham Trent.

JOSÉ A. SÁNCHEZ est docteur ès philosophie de l'université de Murcia et professeur d'histoire des arts du spectacle et de littérature et d'art contemporains à la faculté des Beaux-Arts de Cuenca. Il a écrit et dirigé la publication de nombreux articles et ouvrages sur l'esthétique, la littérature, la danse et le théâtre contemporains. Il a donné des cours et des conférences sur le théâtre contemporain dans diverses institutions en Europe et aux États-Unis. À la faculté des Beaux-Arts de Cuenca, il a organisé des cours, ateliers, performances, séminaires et festivals. Entre 1997 et 2001, il participe à l'organisation de *Desviaciones* à Madrid. Il dirige actuellement un projet de constitution d'archives numériques des arts du spectacles à l'université de Castille-Manche.

LAURENT GOUMARRE est critique littéraire et de danse, producteur du *Chantier*, magazine du spectacle vivant sur France Culture, collaborateur de la revue *ArtPress* et conseiller artistique du festival Montpellier Danse. Chroniqueur mode, par ailleurs, pour le magazine japonais *Ryuko Tsushin* et directeur de la collection « Biceps et Bijoux - discours de la mode » aux éditions Dis Voir, il tient son « Journal du Moi » dans le trimestriel d'art contemporain *Off Shore*. Il est coauteur de l'ouvrage *Pratiques contemporaines : l'art comme expérience* (Dis Voir, 1999).

GERALD SIEGMUND a étudié le théâtre, l'anglais et la littérature française à l'université de Francfort. Sa thèse de doctorat sur le thème du « Théâtre comme mémoire », soutenue en 1994, établit un lien entre l'expérience théâtrale et des concepts issus de la psychanalyse freudienne. Il enseigne depuis 1998 au département des études théâtrales appliquées de l'université de Giessen. Depuis 1995, il est critique indépendant de danse et de performance pour *Frankfurter Allgemeine Zeitung, Ballettanz* et *Dance Europe*. Il est l'auteur de nombreuses publications sur la danse contemporaine et les performances théâtrales.

ANDRÉ LEPECKI est *Assistant Professor* au département d'études d'art du spectacle de l'université de New York. Il a dirigé la publication de *Intensification : Contemporary Portuguese Performance* (Theatershrift Extra/Danças na Cidade, 1988) et de *Of The Presence of the Body : Essays on Dance and Performance Theory* (Wesleyan University Press, 2004). Il a été le dramaturge de Vera Mantero, de João Fiadeiro et de Francisco Camacho, ainsi que de Meg Stuart et de Damaged Goods. Il a réalisé des installations avec Bruce Mau et Rachael Swain. Il termine actuellement un livre intitulé *Exhausting Dance* et collabore avec Eleonora Fabião sur la théorie de la performance.

Adrian Heathfield writes on and curates contemporary performance. He is the editor of *Live: Art and Performance* (Tate, 2004), *Small Acts* (BDP, 2000), *On Memory* (*Performance Research*, Vol. 5, No. 3, Routledge, 2000) with Andrew Quick, and the box publication *Shattered Anatomies* (Arnolfini, 1997) with Andrew Quick and Fiona Templeton. He co-curated *Live Culture* a four-day performance series and two-day international state-of-the-artform symposium at Tate Modern, London, in March 2003 with Lois Keidan and Daniel Brine and the national performance series *Small Acts at the Millennium* with Lois Keidan and Tim Etchells. He is a Principal Research Fellow at Nottingham Trent University.

José A. Sánchez is Doctor in Philosophy by the Murcia University and Profesor of Performing Arts History and Contemporary Art and Literature at the Faculty of Fine Arts in Cuenca. He is author, editor and has written many articles on aesthetics, literature and contemporary dance and theatre. He has given courses and lectures on contemporary theatre in different European and American institutions. At the Faculty of Fine Arts in Cuenca, he has organised courses, workshops, performances, seminaries and festivals. Between 1997 and 2001 he collaborated in the organisation of *Desviaciones* (Madrid). He currently directs the project of a digital archive for the performing arts in the University of Castilla-La Mancha.

Laurent Goumarre is a literary and dance critic, producer of *Le Chantier* (a radio programme devoted to live performance on France Culture), contributor to the magazine *ArtPress* and artistic advisor to the Montpellier Dance Festival. He is also a fashion writer for the Japanese magazine *Ryuko Tsushin*, editor of the collection "Biceps et Bijoux - discours de la mode" (Dis Voir), and contributes his "Journal du Moi" to the quarterly contemporary art magazine, *Offshore*. He is co-author of *Contemporary Practices: Art as Experience* (Dis Voir, 1999).

Gerald Siegmund studied Theatre, English and French Literature at Frankfurt-am-Main University. Completed in 1994, his PhD thesis on "Theatre as Memory" linked the theatrical experience with concepts of memory derived from Freudian psychoanalysis. In 1998, he joined the staff of the Department of Applied Theatre Studies at the Giessen University, where he is teaching now. Since 1995 he has been working as a freelance dance and performance critic for *Frankfurter Allgemeine Zeitung, Ballettanz* and *Dance Europe*. He has published widely on contemporary dance and theatre performance.

André Lepecki is Assistant Professor in the Department of Performance Studies at New York University. He is editor of *Intensification: Contemporary Portuguese Performance* (Theaterschrift Extra/Danças na Cidade, 1998) and *Of the Presence of the Body: Essays on Dance and Performance Theory* (Wesleyan University Press, 2004). He was dramaturg for Vera Mantero, João Fiadeiro and Francisco Camacho as well as for Meg Stuart and Damaged Goods. He co-directed video-installations with Bruce Mau and with Rachael Swain. He is currently finishing a book titled *Exhausting Dance*, and collaborating with Eleonora Fabião on performing theory.

Madrid 1962
Artiste et chorégraphe

1975 La Ribot débute l'étude de la danse classique à Madrid.

1981-1984 Elle poursuit ses études en France, à Cannes, avec Rosella Hightower, et suit des classes d'été à la Somerakademie de Cologne, en Allemagne. Elle suit également des cours à Paris et à New York.

1986-1989 Avec la chorégraphe Blanca Calvo et un vaste groupe d'artistes et de danseurs, elle fonde Bocanada Danza.

1990-1992 En 1991, sous le nom de La Ribot, elle démarre une nouvelle période où elle conjugue différents processus et disciplines artistiques, et crée *Socorro ! Gloria !* (strip-tease). Cette œuvre annonce son travail en solitaire avec les pièces distinguées.

1993-1994 Elle se consacre à l'élaboration et à la définition des premières pièces distinguées — une tentative de situer la création, la production et la distribution de danse à une échelle différente de celle avec laquelle elle a travaillé jusque-là.
La Ribot présente *Los trancos del avetruz*, un duo avec l'acteur Juan Loriente.

1995 La Ribot présente *Oh ! Sole !*, son deuxième duo avec l'acteur Juan Loriente.
Avec les chorégraphes Ana Buitrago, Blanca Calvo, Elena Córdoba, Olga Mesa et Mónica Valenciano, elle fonde une association nommée UVI-La Inesperada, qui organise des projets et des ateliers de recherche.

1996 Son fils Pablo naît à Madrid.

1997 La Ribot s'installe à Londres avec le chorégraphe Gilles Jobin et leur fils, où elle continue à élaborer son projet de pièces distinguées.
En collaboration avec Blanca Calvo et José A. Sánchez, elle organise *Desviaciones*, un cycle annuel de deux semaines de conférences, entretiens et performances à Madrid. La Ribot présente sa deuxième série de pièces distinguées, *Más distinguidas*.

1998 Citée à Londres pour le prix de la fondation Paul Hamlyn attribué à des plasticiens.
Elle participe à *Crash Landing Lisbon*, un projet dirigé notamment par Meg Stuart, auquel participent 17 artistes travaillant dans diverses disciplines.

1999 Première à Londres de *el gran game*, première œuvre de groupe de La Ribot dans cette ville.

2000 La Ribot réalise sa troisième série des pièces distinguées, *Still distinguished*.
Elle reçoit le prix national de la Danse 2000 pour l'Interprétation, attribué par le ministère espagnol de l'Éducation et de la Culture.

2001 La Ribot réalise ses premières installations vidéo *Juanita Pelotari* et *Despliegue*.

2002 La Ribot présente son installation vidéo *Despliegue* et la série *Still distinguished* à la Galería Soledad Lorenzo à Madrid. La même année, *Despliegue* est également présenté à l'Artium Museo Vasco à Vitoria où il fait désormais partie des collections.
Première de *Anna y las Más distinguidas* à l'occasion de Tanz Performance à Cologne. C'est la deuxième série des pièces distinguées, interprétée par la danseuse anglaise Anna Williams.

2003 Dans le cadre de Live Culture organisé par Live Art Development Agency à la Tate Modern de Londres, La Ribot présente *Panoramix*, l'ensemble des 34 pièces distinguées qu'elle a produites durant les dix dernières années. Au cours de l'année 2003, cette performance de trois heures a également été présentée au Palacio de Velásquez, musée Reina Sofia, à Madrid, au Centre d'art contemporain dans le cadre de La Bâtie-Festival de Genève, à l'Atelier contemporain du Quartz, à Brest, et aux Spectacles vivants du Centre Pompidou, à Paris.
Création de *Take Off*, une série de trois installations vidéo, *Despliegue, Travelling* et *London-Helsinki* à la South London Gallery.
Luc Peter, cinéaste et producteur suisse, réalise un documentaire sur les pièces distinguées et *Panoramix* intitulé *La Ribot distinguida*.

Collections

Artium, Museo Vasco de arte contemporáneo, Vitoria, Espagne.
MUSAC-Museo de arte contemporáneo de Castilla y León, Espagne.
Fond régional d'Art contemporain de Lorraine (FRAC), France.
Centre d'art La Panera, Lleida, Espagne.

Œuvres vidéo

2003 — *London-Helsinki* 20 minutes.
South London Gallery, Londres, Royaume-Uni, 2003 ; Bonington Gallery, Nottingham, Royaume-Uni, 2003 ; Fierce, Birmingham, Royaume-Uni, 2003 ; Le Quartz, Brest, France, 2003.

2002 — *Travelling* 12 minutes.
South London Gallery, Londres, Royaume-Uni, 2003 ; Bonington Gallery, Nottingham, Royaume-Uni, 2003, Fierce, Birmingham, Royaume-Uni, 2003 ; Villa Bernasconi, La Bâtie-Festival de Genève, Suisse, 2003 ; Le Quartz, Brest, France, 2003.
Centre d'art La Panera, Lleida, Espagne, 2004.

2001 — *Despliegue* 45 minutes.
Galería Soledad Lorenzo, Madrid, Espagne, 2002 ; *Gótico pero exótico*, Colectiva de Artium, Museo Vasco, Vitoria, Espagne, 2002 ; Museu Serralves, Porto, Portugal, 2002 ; Centre d'art contemporain, La Bâtie-Festival de Genève, Suisse, 2003 ; Le Quartz, Brest, France, 2003.

Another pa amb tomáquet 12 minutes.
Galería Soledad Lorenzo, Madrid, Espagne, 2002 ; Museu Serralves, Porto, Portugal, 2002 ; Centre d'art La Panera, Lleida, Espagne, 2004.

Juanita Pelotari 3 minutes
Independence, œuvre collective à la South London Gallery, Londres, Royaume-Uni, 2003 ; Le Quartz, Brest, France, 2003.

2000 — *Purelyorganic* 12 minutes
Vidéo-danse 2001, Centre Georges Pompidou, Paris, France, 2001 ; *Motion:Pictures*, X-trax Festival, Manchester, Royaume-Uni, 2001 ; *Northern Exposure*, Bull Arts Centre, Barnet, Royaume-Uni, 2001 ; *Live Culture*, Tate Modern, Londres, Royaume-Uni, 2003.

Œuvres intégrales

Pour *Panoramix, Anna y las Más distinguidas*, *Still distinguished*, *Más distinguidas* et *13 Piezas distinguidas*, voir listes p. 111

2003 — *Panoramix* 3 heures. Intégrale des 34 pièces distinguées.

2002 — *Anna y las Más distinguidas* Deuxième série des pièces distinguées avec Anna Williams. Solo.

2000 — *Still distinguished* Troisième série des pièces distinguées. Solo.

1999 — *el gran game* 4 danseurs, 7 figurants.
Première : Cabot Hall, Canary Wharf, Londres.
NottDance Festival, Nottingham, Royaume-Uni; PX3 Festival, Pavie, Italie; Mugatxoan, Arteleku, San Sebastián, Espagne; Festival de Otoño, Madrid, Espagne; Théâtre Arsenic, Lausanne, Suisse; Queen Elizabeth Hall (toit), South Bank Centre, Londres, Royaume-Uni; Citemor, Festival de teatro de Montemor-o-Velho, Portugal; MOT International Theatre Festival, Skopie, Macédoine; Die Theater, Vienne, Autriche; Festival Situaciones, Cuenca, Espagne.

1997 — *Más distinguidas* Deuxième série des pièces distinguées. Solo.

Dip me in the Water 4 danseurs. Chorégraphié avec Gilles Jobin.
Commande et première : Cabot Square, Canary Wharf Arts and Events and South Bank.
Centre's Great Outdoor, Londres, Royaume-Uni.

1995 — *Oh ! Sole !* Duo avec l'acteur Juan Loriente.
Première: Teatro Pradillo, Madrid, Espagne.
Caja de Asturias, Gijón, Espagne.

1993-1994 — *13 Piezas distinguidas* Première série des pièces distinguées. Solo.

1992 — *El triste que nunca os vido* Duo.
Première : Teatro Pradillo, Madrid, Espagne.

	Actividades culturales, université de Salamanque, Espagne.
	Trayectorias Rétrospective de Bocanada Danza, avec toute la compagnie. Commande et première : *Madrid capital cultural*, Teatro Pradillo, Espagne.
1991	*12 toneladas de plumas* 3 danseurs, 20 figurants. Première : CNNTE, Sala Olimpia, Madrid, Espagne. Red de teatros de la comunidad de Madrid. Expo Séville 92, Espagne.
1988	*Ahí va Viviana* Chorégraphié avec Blanca Calvo. Première : Teatro Albéniz, Madrid, Espagne. Sala Olimpia, Madrid, Espagne ; Festival Reggio Emilia, Italie ; Dansa Valencia, Espagne.
1986	*Bocanada* Chorégraphié avec Blanca Calvo. Première : Centro cultural de la Villa de Madrid, Espagne. Red de teatros de la CAM, Red de teatros de la CAIC, Espagne.

Danseuse

1995	*Europas « Vidéo-danse »* d'Olga Mesa et Ricardo Rezende, Madrid/Lisbonne. *Mujeres* de José Granero, Teatro de la Maestranza, Séville, Espagne.

Œuvres brèves et spécifiques à un site

1999	*25 gazelles* 15 minutes. Commande pour 25 danseurs de l'Intoto Dance Company, Londres. Première : Peacock Theatre, Londres, Royaume-Uni.
1998	*Pressed Daily* 9 minutes. Commande et solo pour Anna Williams, Ricochet Dance Company, Londres. Première : Queen Elizabeth Hall, South Bank Centre, Londres, Royaume-Uni.
1996	*Sangre de Boda* 17 minutes. Dansé en duo et chorégraphié avec Gilles Jobin. Première : Dansa al Parc Güell, Barcelone, Espagne. *Piano concert 4 hands and bottom* 20 minutes. Commande et duo pour la pianiste Elena Riu. Première : Purcell Room, South Bank Centre, Londres, Royaume-Uni.
1994	*Clave Z33* 9 heures. 5 interprètes dans une vitrine. Commande du CNNTE, Ministerio de Cultura, Madrid. Première : FNAC Madrid, Espagne.
1993	*Los trancos del avestruz* 25 minutes. Duo avec l'acteur Juan Loriente. Première : Actividades culturales, université de Salamanque, Espagne; Teatro Pradillo, Madrid ; La Nau, Girona ; Caja de Asturias, Gijón ; La Fundición de Bilbao, Espagne ; Mind the Gap, Great Outdoors South Bank Centre, Londres, Royaume-Uni.
1992	*Solo para ballenas* 20 minutes. 3 danseurs, 4 figurants. Pour une petite fontaine urbaine. Commande d'Espacios insólitos, Comunidad de Madrid. Première : Plaza del Rey, Madrid, Espagne.
1991	*Socorro ! Gloria !* 7 minutes. Œuvre solo (strip-tease). Première : Sala Olimpia, CNNTE, Madrid, Espagne. Dansa Valencia ; Teatro Pradillo, Madrid ; Gala del día de la danza, Teatro Albéniz, Madrid, Espagne ; Lincoln Center, New York, États-Unis.
1989	*Embriágame* 8 minutes. Œuvre solo. Commande et première : CNNTE, Sala Olimpia de Madrid, Espagne.
1987	*Repíteteme* 20 minutes. 7 danseurs. Chorégraphié avec Blanca Calvo. Première : Centro cultural de la Villa de Madrid, Espagne. Red de teatros nacional, Teatro Victoria Eugenia, San Sebastián, Espagne . *Solos 7* 9 minutes. 7 danseurs. 3º Premio I CC Madrid, Espagne. Red de teatros nacional, Teatro Victoria Eugenia, San Sebastián, Espagne. *y cuelgo* 12 minutes. 4 danseurs. Premiere : Centro cultural de la Villa de Madrid, Espagne. Red de teatros nacional, Teatro Victoria Eugenia, San Sebastián, Espagne.
1985	*Carita de Ángel* 12 minutes. 3 danseurs. Premiere : Centro cultural Alcobendas, Espagne. Centro cultural de la Villa de Madrid, Espagne. Red de teatros de la CAM, Red de teatros de la CAIC, Espagne.

Séries des pièces distinguées

13 Piezas distinguidas (1993-1994)

Lieu de création : Salamanque et Madrid, Espagne.

Titres :	n° :	Date :		Propriétaires distingués :
Muriéndose la sirena	1	1993	Salamanque	En mémoire de Chinorris
Fatelo con me	2	1993	Salamanque	Daikin Air Conditioners, Madrid
Sin título I	3	1993	Salamanque	
de la vida violenta	4	1993	Salamanque	
Eufemia	5	1993	Madrid	
¡ Ya me gustaría a mí ser pez !	6	1993	Salamanque	North Wind, Barcelone
Cosmopolita	7	1994	Madrid	Nacho van Aerssen, Madrid/Mexico
Capricho mío	8	1994	Madrid	Bernardo Laniado-Romero, New York/Madrid
La vaca sueca	9	1994	Madrid	En mémoire de Peter Brown
Hacia dónde volver los ojos	10	1994	Madrid	Rafa Sánchez, Madrid
Sin título II	11	1994	Madrid	Olga Mesa, Madrid
La próxima vez	12	1994	Madrid	Juan Domínguez, Madrid
Para ti	13	1994	Madrid	

Première : Actividades culturales, université de Salamanque, août 1993 (5 pièces) ; Théâtre Pradillo de Madrid, mars 1994 (10 pièces) ; Théâtre Alfil de Madrid, octobre 1994 (13 pièces), Espagne.
Villes : La Nau, Girona, Espagne ; Jezebel, ICA-Institute of Contemporary Arts, Londres, Royaume-Uni ; Sommerszene, Salzbourg, Autriche ; Phenomena, Jérusalem, Israël ; Caja de Asturias, Gijón, Espagne ; Festival internacional de Sitges, Barcelone, Espagne ; Centro cultural de Belém, Lisbonne, Portugal ; Ménagerie de verre, Paris, France (fragments) ; Gessnerallee, Zurich, Suisse ; Movers, Glasgow, Royaume-Uni ; Sévelin 36, Lausanne, Suisse ; The Spitz, Londres, Royaume-Uni ; Die Theater, Vienne, Autriche ; Danse à Lille (fragments), France ; Théâtre de L'Usine, Genève, Suisse ; ICA-Institute of Contemporary Arts, LIMF, Londres, Royaume-Uni.

Crédits : Conçu et interprété par La Ribot ; Lumières : Cora ; Musiques : Fernando López-Hermoso, Ivano Fossati, Getz/Gilberto, Django Reinhardt, musique populaire hongroise ; Producteur exécutif et administration : Carmen Alcalde et Gonzalo Ribot ; Communication et presse : Christina Barchi.
Produit par La Ribot. Ce projet a reçu le soutien des Actividades culturales de l'université de Salamanque, du CE y AC de la Comunidad de Madrid et de l'INAEM du ministère de la Culture (Espagne) ainsi que des propriétaires distingués.

Más distinguidas (1997)

Lieu de création : Madrid, Espagne et Londres, Royaume-Uni.

Titres :	n° :	Date :		Propriétaires distingués :
N° 14	14	1996	Madrid	Lois Keidan, Londres
Numeranda	15	1996	Madrid	Blanca Calvo, Madrid
Narcisa	16	1996	Madrid	
Sin título IV	17	1997	Londres	Isabelle Rochat, Lausanne
Angelita	18	1997	Londres	MalPelo, Barcelone
19 equilibrios y un largo	19	1997	Londres	Marga Guergué, New York
Manual de uso	20	1997	Londres	Thierry Spicher, Lausanne
Poema infinito	21	1997	Londres	Julia y Pedro Nuñez, Madrid
Oh ! Compositione	22	1997	Londres	Robyn Archer, Adélaïde, Australie
Sin título III	23	1997	Londres	GAG Comunicación, Madrid
Missunderstanding	24	1997	Londres	North Wind, Barcelone
Divana	25	1997	Londres	De Hexe Mathilde Monnier, Montpellier
N° 26	26	1997	Londres	Ion Munduate, San Sebastián

Première : octobre 1997 (version présentée avec les jeux de lumière), *Desviaciones*, Madrid, Espagne.
Villes : Danças na Cidade, Lisbonne, Portugal ; Habamah Theater, Jérusalem, Israël ; ICA, London International Mime Festival, Royaume-Uni ; Théâtre Arsenic, Lausanne, Suisse ; Théâtre de L'Usine-ADC, Genève, Suisse ; De Beweeging, Anvers, Belgique ; La Fundición, Bilbao, Espagne ; NottDance, Nottingham, Royaume-Uni ; Festival Viva Cité, Sotteville-lès-Rouen, France ; Amandola Festival, Amandola, Italie ; 2nd Flemish International Mime Festival, Aarschot, Belgique ; Senza Parole 98, Die Theater, Vienne, Autriche ; L'Usine à Gaz, Nyon, Suisse ; Festival Mimos, Périgueux,

France ; ICA-Institute of Contemporary Arts, Londres, Royaume-Uni ; ANCA-Auditório nacional Carlos Alberto, Porto, Portugal ; Double Feature, Podewil, Berlin, Allemagne.

Première : mai 1998 (version présentée sans les jeux de lumière), Mugatxoan, Koldo Mitxelena, San Sebastián, Espagne. Villes : Kunstmuseum, Lucerne, Suisse ; Spazio 97, Palerme, Italie ; Montpellier Danse, Montpellier, France ; Les Soirées nomades, Fondation Cartier, Paris, France ; Minoriten Kulturzentrum, Graz, Autriche ; Adelaide Festival, Adélaïde, Australie ; Art Danse 2000, Dijon, France ; Le Club des 5, Saint-Herblain, France ; Le Chorégraphique, Tours, France ; FID-Festival internacional de dança, Belo Horizonte, Brésil ; Teatro SESC Anchieta, São Paulo, Brésil ; Tanz und Theater International-Expo 2000, Hanovre, Allemagne ; Théâtre de La Ville aux Abbesses, Paris, France ; Dance in November 2000, Espoo, Finlande ; Centro de artes escénicas, Lima, Pérou ; Espace Pier Paolo Pasolini, Valenciennes, France ; National Review of Live Art, Glasgow, Royaume-Uni ; TNT-Tout Nouveau Théâtre, Bordeaux, France ; 18 Dance Week Festival, Zagreb, Croatie ; La Huerta San Vicente, Parque García Lorca, Grenade, Espagne ; Mladi Levi, Ljubljana, Slovénie ; Mousonturm, Francfort, Allemagne ; L'Usine à Gaz, Nyon, Suisse ; Konfrontace, Prague, République tchèque ; Pôle Sud, Strasbourg, France ; CDC-Centre de développement chorégraphique, Toulouse, France ; Le Quartz, Brest, France ; In Motion, Barcelone, Espagne ; Highways, Los Angeles, Etats-Unis.

Crédits : Conçu et interprété par La Ribot ; Lumières : Daniel Demont ; Robes et ailes d'ange : Pepe Rubio ; Musique : Erik Satie, Javier López de Guereña, Rubén González, Carles Santos ; Producteur exécutif : Bonito & Compri, Eduardo Bonito ; Administration : Jo Hughes Produit par La Ribot, avec le soutien de l'INAEM du ministère de l'Éducation et de la Culture (Espagne) ; en collaboration avec l'ICA, Live Arts (Londres) et Danças na cidade (Lisbonne) et les propriétaires distingués.

Still distinguished (2000)

Lieu de création : Londres, Royaume-Uni et Lausanne, Suisse.

Titres :	n° :	Date :		Propriétaires distingués :
Another Bloody Mary	27	2000	Londres	Lois Keidan & Franko B., Londres
Outsized Baggage	28	2000	Londres	Matthiew Doze, Paris
Chair 2000	29	2000	Londres	Arsenic, Lausanne
Candida iluminaris	30	2000	Londres	Victor Ramos, Paris
de la Mancha	31	2000	Londres	R/B & Jérôme Bel, Paris
Zurrutada	32	2000	Londres	Arteleku, San Sebastián
S liquide	33	2000	Lausanne	Galería Soledad Lorenzo, Madrid
Pa amb tomáquet	34	2000	Lausanne	Gerald Siegmund, Francfort

Pré-première (6 pièces) : juin 2000, Mugatxoan, Arteleku, San Sebastián ; La Fundición, Bilbao, Espagne.
Première (8 pièces) : septembre 2000, Théâtre Arsenic, Lausanne, Suisse.
Villes : Desviaciones, Madrid, Espagne ; Facultad de Bellas Artes, Cuenca, Espagne ; Schaubuehne Lindenfels, Leipzig, Allemagne ; L'Usine à Gaz, Nyon, Suisse ; South London Gallery, LIMF, Londres, Royaume-Uni ; Théâtre de La Ville, Paris, France ; I'll never let you go !, Moderna Museet, Stockholm, Suède ; TNT-Tout Nouveau Théâtre, Bordeaux, France ; Fierce Earth, New Art Gallery, Walsall, Royaume-Uni ; NottDance, Bonington Gallery, Nottingham, Royaume-Uni ; Kunstlerhaus Mousonturm, Francfort, Allemagne ; Fringe Festival, Dublin, Irlande ; Festival international de Nouvelle Danse, Montréal, Canada ; Konfrontace, Prague, République tchèque ; Galería Soledad Lorenzo, Madrid, Espagne ; Kiasma, Helsinki, Finlande ; Artium Álava, Museo Vasco,Vitoria, Espagne ; Museu Serralves, Porto, Portugal ; Danças na cidade, Lisbonne, Portugal ; Berliner Festspiele, Berlin, Allemagne ; Dance 2002, Munich, Allemagne ; Kunsthalle zu Kiel, Kiel, Allemagne ; SMAK, Gand, Belgique ; Latitudes contemporaines, Lille, France ; Highways, Los Angeles, USA.

Crédits : Conçu et interprété par La Ribot ; Son et lumières : Daniel Demont ; Musiques : Fragments of Belmonte de Carles Santos ; Moral Morph et Jealous Guy de LB/Atom tm ; Max de Paolo Conte ; 55 291 de Velma ; Enregistrement de la bande-son : Clive Jenkins ; Réalisation des haut-parleurs : Simon Jobin ; Montage vidéo : Stéphane Noël ; Producteur executif : Eduardo Bonito ; Administration : Jo Hughes, Daisy Heath.
Produit par 36 Gazelles-La Ribot (Londres) en co-production avec le Théâtre de la Ville (Paris). Avec le soutien de l'INAEM du ministère de l'Éducation et de la Culture (Espagne), le London Arts Board, Dance 4 : Body Space Image and Future Factory, Nottingham, et les propriétaires distingués. Un projet du Artsadmin, Londres.

Anna y las Más distinguidas (2002)

Lieu de création : Londres, Royaume-Uni.

Titres :	n° :	Date :
N° 14	14	1996

Numeranda	15	1996
Narcisa	16	1996
Sin título IV	17	1997
Angelita	18	1997
19 equilibrios y un largo	19	1997
Manual de uso	20	1997
Poema infinito	21	1997
Oh ! Compositione	22	1997
Sin título III	23	1997
Missunderstanding	24	1997
Divana	25	1997
N° 26	26	1997

Première : novembre 2002, Tanz Performance, Cologne, Allemagne.
Villes : VEO, Valencia, Espagne ; Arnolfini, Bristol, Royaume-Uni ; Gessnerallee, Zurich, Suisse ; XING, Bologne, Italie ; VOORUIT, Gent, Belgique ; Kunsthalle zu Kiel, Kiel, Allemagne ; MAC-Midlands Arts Centre, Birmingham, Royaume-Uni ; Villanella, de Singel, Antwerp, Belgique ; CANGO, Florence, Italie.

Crédits : Conçu par La Ribot ; Interprété par Anna Williams ; Robes et ailes d'ange : Pepe Rubio ; Musique : Erik Satie, Javier López de Guereña, Rubén González, Carles Santos ; Producteur exécutif : Eduardo Bonito ; Administration : Jo Hughes.
Produit par 36 Gazelles-La Ribot (Londres). Le projet en Angleterre a reçu le soutien de l'Arts Council England. Un projet du Artsadmin, Londres.

Panoramix (1993-2003)
Compendium des 34 pièces distinguées

Lieu de re-création : Londres, Royaume-Uni

Première : Live Culture, Tate Modern, Londres, Royaume-Uni.
Villes : Palacio de Velázquez, musée Reina Sofía en collaboration avec la Consejería de las Artes, Madrid, Espagne ; Centre d'art contemporain, La Bâtie-Festival de Genève, Suisse ; Le Quartz, Brest, France ; Spectacles vivants, Centre Georges-Pompidou, Paris.

Crédits :
Conçu et interprété par La Ribot ; Robes et ailes d'ange : Pepe Rubio ; Son et lumières originales : Daniel Demont ; Scénographie (Madrid): Almudena Ribot ; Producteur exécutif et administration: Jo Hughes ; Assistant de production : Bibi Serafim ; Producteur exécutif en France : Maria Carmela Mini ; Producteur exécutif en Espagne : Paz Santa Cecilia.
Produit par 36 Gazelles-La Ribot, Londres. Une commande de l'Art Development Agency, London for Live Culture at Tate Modern. La tournée en Angleterre a reçu le soutien de l'Arts Council England. Un projet du Artsadmin, Londres.

La Ribot

Madrid, 1962
Artist and choreographer

1975 La Ribot began studying classical ballet in Madrid.

1981-1984 She continued her studies in dance in Cannes, France with Rosella Hightower and summer courses in the Somerakademie in Cologne, Germany. She also attended courses in Paris and New York.

1986-1989 Together with the choregrapher Blanca Calvo, and a large group of artists and dancers they formed Bocanada Danza.

1990-1992 In 1991, as La Ribot, she began a new period using different processes and artistic disciplines and produced *Socorro! Gloria!* (striptease). This work became the seed of her solitary work with the distinguished pieces.

1993-1994 She dedicated herself to developing and defining the first distinguished pieces — an attempt to change the scale in the creation, production and distribution of dance in which she had been working until then.
La Ribot presented *Los trancos del avestruz*, a duo with the actor Juan Loriente.

1995 La Ribot performed *Oh! Sole!*, her second duo with the actor Juan Loriente.
With the choreographers Ana Buitrago, Blanca Calvo, Elena Córdoba, Olga Mesa and Mónica Valenciano, they set up an association entitled UVI-La Inesperada, which organised projects and research workshops.

1996 Pablo, her son, was born in Madrid.

1997 La Ribot moved with Swiss choregrapher Gilles Jobin and their son to London where she continues developing her distinguished pieces project.
In collaboration with Blanca Calvo and José A. Sánchez they organised *Desviaciones*, an annual two-week programme of conferences, talks and performances in Madrid. La Ribot presented her second series of distinguished pieces, *Más distinguidas*.

1998 Nominated in London for the Paul Hamlyn Foundation Award for visual artists.
She participated in *Crash Landing Lisbon*, a project directed by Meg Stuart amongst others in which 17 artists from different disciplines take part.

1999 Premiere *el gran game*, La Ribot's first group work in London.

2000 La Ribot produced her third series of distinguished pieces, *Still distinguished*.
She was awarded the National Prize of Dance 2000 for Interpretation, from the Spanish Ministry of Education and Culture.

2001 Working with video, La Ribot produced *Juanita Pelotari* and *Despliegue*, her first video installation.

2002 La Ribot presented her video installation *Despliegue* and the series *Still distinguished* at Galería Soledad Lorenzo in Madrid.
Anna y las Más distinguidas premiered at Tanz Performance, Cologne in Germany. This is La Ribot's second series of distinguished pieces interpreted by English dancer Anna Williams.

2003 As part of "Live Culture" organised by Live Art Development Agency at the Tate Modern in London, La Ribot presented *Panoramix*, a compendium of the 34 distinguished pieces she had produced in the past ten years. In the same year, this three-hour performance was also presented at the Palacio de Velázquez, Museo Reina Sofía in Madrid, the Centre d'art contemporain in Geneva as part of La Bâtie-Festival de Genève, the Atelier contemporain du Quartz in Brest, France and Spectacles vivants, Centre Pompidou in Paris.
Take Off, a series of three video installation works, *Despliegue, Travelling* and *London-Helsinki* premiered at the South London Gallery.
Swiss producer and filmmaker, Luc Peter made a documentary about the distinguished pieces and *Panoramix*, entitled *La Ribot distinguida*.

Collections

Artium, Museo Vasco de arte contemporáneo, Vitoria, Spain.
MUSAC-Museo de arte contemporáneo de Castilla y León, Spain.
Fond régional d'art contemporain de Lorraine (FRAC), France
Centre d'art La Panera, Lleida, Spain

Video Works

2003 *London-Helsinki* 20 minutes.
South London Gallery, London, UK, 2003; Bonington Gallery, Nottingham, UK, 2003; Fierce, Birmingham, UK, 2003; Le Quartz, Brest, France, 2003.

2002 *Travelling* 12 minutes.
South London Gallery, London, UK, 2003; Bonington Gallery, Nottingham, UK, 2003; Fierce, Birmingham, UK, 2003; Villa Bernasconi, La Bâtie-Festival de Genève, Switzerland, 2003; Le Quartz, Brest, France, 2003; Centre d'art La Panera, Lleida, Spain, 2004.

2001 *Despliegue* 45 minutes.
Galería Soledad Lorenzo, Madrid, Spain, 2002; Gótico pero exótico, Colectiva de Artium, Museo Vasco, Vitoria, Spain, 2002; Museu Serralves, Porto, Portugal, 2002; Centre d'art contemporain, La Bâtie-Festival de Genève, Switzerland, 2003; Le Quartz, Brest, France 2003.

Another pa amb tomáquet 12 minutes.
Galería Soledad Lorenzo, Madrid, Spain, 2002; Museu Serralves, Porto, Portugal, 2002; Centre d'art La Panera, Lleida, Spain, 2004.

Juanita Pelotari 3 minutes.
Independence, Collective at South London Gallery, London, UK, 2003; Le Quartz, Brest, France, 2003.

2000 *Purelyorganic* 12 minutes.
Vidéo-danse 2001, Centre Georges Pompidou, Paris, France, 2001; *Motion:Pictures*, X-trax Festival, Manchester, UK, 2001; *Northern Exposure*, Bull Arts Centre, Barnet, UK 2001; *Live Culture*, Tate Modern, London, UK 2003

Full length work

Concerning *Panoramix, Anna y las Más distinguidas, Still distinguished, Más distinguidas* and *13 Piezas distinguidas*, see lists p.119

2003 *Panoramix* 3 hours. Compendium of the 34 distinguished pieces. Solo.

2002 *Anna y las Más distinguidas* The second series of distinguished pieces performed by Anna Williams. Solo.

2000 *Still distinguished* The third series of distinguished pieces. Solo.

1999 *el gran game* 4 dancers, 7 extras.
Premiere: Cabot Hall, Canary Wharf, London, UK.
NottDance Festival, Nottingham, UK; PX3 Festival, Pavia, Italy; Mugatxoan, Arteleku, San Sebastian, Spain; Festival de Otoño, Madrid, Spain; Arsenic, Lausanne, Switzerland; Queen Elizabeth Hall (roof), South Bank Centre, London, UK; Citemor, Festival de teatro de Montemor-o-Velho, Portugal; MOT International Theatre Festival, Skopia, Macedonia; Die Theater, Vienna, Austria; Situaciones Festival, Cuenca, Spain.

1997 *Más distinguidas* Second series of distinguished pieces. Solo.

Dip me in the Water 4 dancers. Choreographed with Gilles Jobin.
Premiered and commissioned: Cabot Square, Canary Wharf Arts and Events and South Bank. Centre's Great Outdoor, London, UK.

1995 *Oh! Sole!* Duet with actor Juan Loriente.
Premiere: Teatro Pradillo, Madrid, Spain.
Caja de Asturias, Gijón, Spain.

1993-1994 *13 Piezas distinguidas* First series of distinguished pieces. Solo.

1992 *El triste que nunca os vido* Duet.
Premiere: Teatro Pradillo, Madrid, Spain.
Actividades culturales, University of Salamanca, Spain.

Trayectorias Retrospective of Bocanada Danza. All company.
Premiered and commissioned: Madrid capital cultural, Teatro Pradillo, Spain.

1991	*12 toneladas de plumas* 3 dancers, 20 extras. Premiere: CNNTE, Sala Olimpia, Madrid, Spain. Red de teatros de la comunidad de Madrid. Expo Sevilla 92, Spain.
1988	*Ahí va Viviana* Choreographed with Blanca Calvo. Premiere: Teatro Albéniz, Madrid, Spain. Sala Olimpia, Madrid, Spain; Festival Reggio Emilia, Italy; Dansa Valencia, Spain.
1986	*Bocanada* Choreographed with Blanca Calvo. Premiere: Centro cultural de la Villa de Madrid, Spain. Red de teatros de la CAM, Red de teatros de la CAIC, Spain.

Dancer

1995	*Europas* 'Vídeo danza' by Olga Mesa and Ricardo Rezende, Madrid/Lisbon. *Mujeres* by José Granero, Teatro de la Maestranza, Seville, Spain.

Short and site specific works

1999	*25 gazelles* 15 minutes. Commission for 25 dancers from Intoto Dance Company, London. Premiere: Peacock Theatre, London, UK.
1998	*Pressed Daily* 9 minutes. Commission and solo for Anna Williams, Ricochet Dance Company, London. Premiere: Queen Elizabeth Hall, South Bank Centre, London, UK.
1996	*Sangre de Boda* 17 minutes. Duet and choreographed with Gilles Jobin. Premiere: Dansa al Parc Güell, Barcelona, Spain. *Piano concert 4 hands and bottom* 20 minutes. Commission and duet for the pianist Elena Riu. Premiere: Purcell Room, South Bank Centre, London, UK.
1994	*Clave Z33* 9 hours. 5 interpreters in a window shop. Commissioned by CNNTE, Ministerio de Cultura, Madrid. Premiere: FNAC Madrid, Spain.
1993	*Los trancos del avestruz* 25 minutes. Duet with the actor Juan Loriente. Premiere: Actividades culturales, universidad de Salamanca; Teatro Pradillo, Madrid; La Nau Girona; Caja de Asturias, Gijón; La Fundición de Bilbao, Spain; Mind the Gap, Great Outdoors South Bank Centre, London, UK.
1992	*Solo para ballenas* 20 minutes. 3 dancers, 4 extras. For a small street fountain. Commissioned by Espácios insólitos, comunidad de Madrid. Premiere: Plaza del Rey, Madrid, Spain.
1991	*Socorro! Gloria!* 7 minutes. Solo work (striptease). Premiere: Sala Olimpia, CNNTE, Madrid, Spain. Dansa Valencia; Teatro Pradillo, Madrid; Gala del día de la danza, Teatro Albéniz, Madrid, Spain; Lincoln Center, New York, USA.
1989	*Embriágame* 8 minutes. Solo work. Premiered and commissioned: CNNTE, Sala Olimpia de Madrid, Spain.
1987	*Repíteteme* 20 minutes. 7 dancers. Choreographed with Blanca Calvo. Premiere: Centro cultural de la Villa de Madrid, Spain. Red de teatros nacional, Teatro Victoria Eugenia, San Sebastian, Spain. *Solos 7* 9 minutes. 7 dancers. Premiere: 3º Premio I CC Madrid, Spain. Red de teatros nacional, Teatro Victoria Eugenia, San Sebastian, Spain. *y cuelgo* 12 minutes. 4 dancers. Premiere: Centro cultural de la Villa de Madrid, Spain. Red de teatros nacional, Teatro Victoria Eugenia, San Sebastian, Spain.
1985	*Carita de Ángel* 12 minutes. 3 dancers. Premiere: Centro cultural Alcobendas, Spain. Centro cultural de la Villa de Madrid, Spain; Red de teatros de la CAM, Red de Teatros de la CAIC, Spain.

Series of the distinguished pieces

13 Piezas distinguidas (1993-1994)

Place of creation : Salamanca and Madrid, Spain.

Titles :	n° :	Date :		Distinguished proprietors:
Muriéndose la sirena	1	1993	Salamanca	In memory of Chinorris
Fatelo con me	2	1993	Salamanca	Daikin Air Conditioners, Madrid
Sin título I	3	1993	Salamanca	
de la vida violenta	4	1993	Salamanca	
Eufemia	5	1993	Madrid	
¡ Ya me gustaría a mí ser pez !	6	1993	Salamanca	North Wind, Barcelona
Cosmopolita	7	1994	Madrid	Nacho van Aerssen, Madrid/Mexico
Capricho mío	8	1994	Madrid	Bernardo Laniado-Romero, New York/Madrid
La vaca sueca	9	1994	Madrid	En mémoire de Peter Brown
Hacia dónde volver los ojos	10	1994	Madrid	Rafa Sánchez, Madrid
Sin título II	11	1994	Madrid	Olga Mesa, Madrid
La próxima vez	12	1994	Madrid	Juan Domínguez, Madrid
Para ti	13	1994	Madrid	

Premiere : Actividades culturales, Salamanca University, August 1993 (5 pieces) ; Teatro Pradillo, Madrid, March 1994 (10 pieces) ; Teatro Alfil, Madrid, October 1994 (13 pieces).
Cities toured: La Nau, Girona, Spain; Jezebel, ICA-Institute of Contemporary Arts, London, UK; Sommerszene, Salzburgo, Austria; Phenomena, Jerusalem, Israel; Caja de Asturias, Gijón, Spain; Festival Internacional de Sitges, Barcelona, Spain; Centro cultural de Belem, Lisbon, Portugal; Ménagerie de verre, Paris, France (fragments); Gessnerallee, Zurich, Switzerland; Movers, Glasgow, UK; Sévelin 36, Lausanne, Switzerland; The Spitz, London, UK; Die Theater, Vienna, Austria; Danse à Lille (fragments), France; Théâtre de L'Usine, Geneva, Switzerland; ICA-Institute of Contemporary Arts, LIMF, London, UK.

Credits: Conceived and performed by La Ribot; Lighting: Cora; Musics: Fernando López-Hermoso, Ivano Fossati, Getz/Gilberto, Django Reinhardt, popular Hungarian music; Executive Production and Administration: Carmen Alcalde and Gonzalo Ribot; Communication and Press: Christina Barchi.
Produced by La Ribot. Supported by Actividades culturales, Salamanca University, CE y AC Comunidad de Madrid, INAEM, Ministry of Culture (Spain) and the distinguished proprietors.

Más distinguidas (1997)

Place of creation: Madrid, Spain and London, UK.

Titles :	n° :	Date :		Distinguished proprietors:
No 14	14	1996	Madrid	Lois Keidan, London
Numeranda	15	1996	Madrid	Blanca Calvo, Madrid
Narcisa	16	1996	Madrid	
Sin título IV	17	1997	London	Isabelle Rochat, Lausanne
Angelita	18	1997	London	MalPelo, Barcelona
19 equilibrios y un largo	19	1997	London	Marga Guergué, New York
Manual de uso	20	1997	London	Thierry Spicher, Lausanne
Poema infinito	21	1997	London	Julia y Pedro Nuñez, Madrid
Oh! Compositione	22	1997	London	Robyn Archer, Adelaide, Australia
Sin título III	23	1997	London	GAG Comunicación, Madrid
Missunderstanding	24	1997	London	North Wind, Barcelona
Divana	25	1997	London	De Hexe Mathilde Monnier, Montpellier
N° 26	26	1997	London	Ion Munduate, San Sebastian

Premiere: October 1997 (theater version), *Desviaciones*, Madrid, Spain.
Cities toured: Danças na cidade, Lisbon, Portugal; Habamah Theater, Jerusalem, Israel; ICA, London International Mime Festival, UK; Théâtre Arsenic, Lausanne, Switzerland; Théâtre de L'Usine-ADC, Geneva, Switzerland; De Beweeging, Antwerpen, Belgium; La Fundición, Bilbao, Spain; NottDance, Nottingham, UK; Festival Viva Cité, Sotteville-lès-Rouen, France; Amandola Festival, Amandola, Italy; 2nd Flemish International Mime Festival, Aarschot, Belgium; Senza Parole 98, Die Theater, Vienna, Austria; L'Usine à Gaz, Nyon, Switzerland; ICA-Institute of Contemporary Arts, London, UK; ANCA Auditório nacional Carlos Alberto, Porto, Portugal; Double Feature, Podewil, Berlin, Germany.

Premiere: May 1998 (gallery version), Mugatxoan, Koldo Mitxelena, San Sebastian, Spain.
Cities toured: Kunstmuseum, Luzern, Switzerland; Spazio 97, Palermo, Italy; Montpellier Danse, Montpellier, France; Les Soirées nomades, Fondation Cartier, Paris, France; Minoriten Kulturzentrum, Graz, Austria; Adelaide Festival, Adelaide, Australia; Art Danse 2000, Dijon, France; Le Club des 5, Saint-Herblain, France; Le Chorégraphique, Tours, France; FID-Festival internacional de dança, Belo Horizonte, Brazil; Teatro SESC Anchieta, São Paulo, Brazil; Tanz und Theater International-Expo 2000, Hanover, Germany; Théâtre de La Ville aux Abbesses, Paris, France; Dance in November 2000, Espoo, Finland; Centro de Artes Escénicas, Lima, Peru; Espace Pier Paolo Pasolini, Valenciennes, France; National Review of Live Art, Glasgow, UK; TNT-Tout Nouveau Théâtre, Bordeaux, France; 18 Dance Week Festival, Zagreb, Croatia; La Huerta San Vicente, Parque García Lorca, Granada, Spain; Mladi Levi, Lubljana, Slovenia; Mousonturm, Frankfurt, Germany; L'Usine à Gaz, Nyon, Switzerland; Konfrontace, Prague, Czech Republic; Pôle Sud, Strasbourg, France; CDC-Centre de développement chorégraphique, Toulouse, France; Le Quartz, Brest, France; In Motion, Barcelona, Spain; Highways, Los Angeles, USA.

Credits: Conceived and performed by La Ribot; Lighting: Daniel Demont; Dresses and angel wings: Pepe Rubio; Music: Erik Satie, Javier López de Guereña, Rubén González, Carles Santos; Executive Production: Bonito & Compri, Eduardo Bonito; Administration: Jo Hughes. Produced by La Ribot, with the support of INAEM, Ministry of Education and Culture (Spain), and in collaboration with the ICA, Live Arts (London) and Danças na Cidade, (Lisbon), and the distinguished proprietors.

Still distinguished (2000)

Place of creation : London, UK and Lausanne, Switzerland

Titles :	n° :	Date :		Distinguished proprietors:
Another Bloody Mary	27	2000	London	Lois Keidan & Franko B., London
Outsized Baggage	28	2000	London	Matthiew Doze, Paris
Chair 2000	29	2000	London	Arsenic, Lausanne
Candida iluminaris	30	2000	London	Victor Ramos, Paris
de la Mancha	31	2000	London	R/B & Jérôme Bel, Paris
Zurrutada	32	2000	London	Arteleku, San Sebastian
S liquide	33	2000	Lausanne	Galería Soledad Lorenzo, Madrid
Pa amb tomáquet	34	2000	Lausanne	Gerald Siegmund, Frankfurt

Pre-premiere (6 pieces): June 2000, Mugaxtoan, Arteleku, San Sebastian; La Fundición, Bilbao, Spain.
Premiere (8 pieces): September 2000, Theatre Arsenic, Lausanne, Switzerland.
Cities toured: Desviaciones, Madrid, Spain; Facultad de Bellas Artes, Cuenca, Spain; Schaubuehne Lindenfels, Leipzeg, Germany; L'Usine à Gaz, Nyon, Switzerland; South London Gallery, LIMF, London, UK; Théâtre de La Ville, Paris, France; I'll never let you go!, Moderna Museet, Stockholm, Sweden; TNT-Tout Nouveau Théâtre, Bordeaux, France; Fierce Earth, New Art Gallery, Walsall, UK; NottDance, Bonington Gallery, Nottingham, UK; Kunstlerhaus Mousonturm, Frankfurt, Germany; Fringe Festival, Dublín; Festival International de Nouvelle Danse, Montreal, Canada; Konfrontace, Prague, Czech Republic; Galería Soledad Lorenzo, Madrid, Spain; Kiasma, Helsinki, Finland; Artium Álava, Museo Vasco, Vitoria, Spain; Museu Serralves, Porto, Portugal; Danças na Cidade, Lisbon, Portugal; Berliner Festspiele, Berlin, Germany; Dance 2002, Munich, Germany; Kunsthalle zu Kiel, Kiel, Germany; SMAK, Gent, Belgium; Latitudes contemporaines, Lille, France; Highways, Los Angeles, USA.

Credits: Conceived and performed by La Ribot; Lights and sound: Daniel Demont; Music: Fragments of Belmonte, by Carles Santos; Moral Morph and Jealous Guy by LB/ Atom tm; Max, by Paolo Conte; 55 291, by Velma; Soundtrack recording: Clive Jenkins; Speakers construction: Simon Jobin; Video editing: Stéphane Noel; Executive Production: Eduardo Bonito; Administration: Jo Hughes, Daisy Heath.
Produced by 36 Gazelles-La Ribot (London) in co-production with Théâtre de la Ville, (Paris). Supported by INAEM, Ministry of Education and Culture (Spain), London Arts Board, Dance4: Body Space Image and Future Factory, Nottingham, and the distinguished proprietors. An Artsadmin associated project.

Anna y las Más distinguidas (2002)

Place of creation: London, UK

Titles :	n° :	Date :
N° 14	14	1996
Numeranda	15	1996
Narcisa	16	1996
Sin título IV	17	1997
Angelita	18	1997

19 equilibrios y un largo	19	1997
Manual de uso	20	1997
Poema infinito	21	1997
Oh! Compositione	22	1997
Sin título III	23	1997
Missunderstanding	24	1997
Divana	25	1997
N° 26	26	1997

Premiere: November 2002, Tanz Performance, Cologne, Germany.
Cities toured: VEO, Valencia, Spain; Arnolfini, Bristol, UK; Gessnerallee, Zurich, Switzerland; XING, Bologna, Italy; VOORUIT, Gent, Belgium; Kunsthalle zu Kiel, Kiel, Germany; MAC-Midlands Arts Centre, Birmingham, UK; Villanella de Singel, Antwerp, Belgium; CANGO, Florence, Italy.

Credits: Conceived by La Ribot; Performed by Anna Williams; Dresses and angel wings: Pepe Rubio; Music: Erik Satie, Javier López de Guereña, Rubén González, Carles Santos; Executive Production: Eduardo Bonito; Administration: Jo Hughes.
Produced by 36 Gazelles-La Ribot. UK tour supported by Arts Council England. An Artsadmin associated project.

Panoramix (1993-2003)
Compendium of the 34 distinguished pieces

Place of recreation: London, UK.

Premiere: Live Culture,Tate Modern, London, UK.
Cities toured: Palacio de Velázquez, Museo Reina Sofía in collaboration with Consejería de las Artes, Madrid, Spain; Centre d'art contemporain, La Bâtie-Festival de Genève, Switzerland; Le Quartz, Brest, France; Spectacles vivants, Centre Georges-Pompidou, Paris.

Credits: Conceived and performed by La Ribot; Dresses and angel wings: Pepe Rubio; Lights and sound design: Daniel Demont; Working space: Almudena Ribot; Executive Production: Jo Hughes; Production assistant: Bibi Serafim; Executive Production in France: Maria Carmela Mini; Executive Production in Spain: Paz Santa Cecilia.
Produced by 36 Gazelles-La Ribot, London. Commissioned by Live Art Development Agency, London for Live Culture at Tate Modern. London UK tour supported by Arts Council England. An Artsadmin associated project.

Ceci est le second volume du livre en deux volumes/This is the second volume of the two-volume book *La Ribot*

Volume I

Une coédition/Co-published by Centre national de la danse, Pantin/Merz-Luc Derycke, Gent
Une coproduction avec/Co-produced by Galerie Soledad Lorenzo, Madrid

Conçu par/Edited by La Ribot, Marc Pérennès, Luc Derycke
Conception graphique/Book design by Luc Derycke en conversation avec/in conversation with La Ribot
Editeur délégué/Executive editor: Marc Pérennès avec/with Mathilde Puech-Bauer, Florence Fabre

Volume II

Une coédition/Co-published by Centre national de la danse, Pantin/Merz-Luc Derycke, Gent

Directrice de la publication/Edited by Claire Rousier
Auteurs/Essays by Adrian Heathfield, José A. Sánchez, Laurent Goumarre, Gerald Siegmund, André Lepecki
Editeur délégué/Executive editor: Mathilde Puech-Bauer avec/with Florence Fabre
Correction/Copy editors: Lise Rubinstein, John Herrick
Traductions/translations by Marianne Basterra, Catherine Delaruelle, Lorraine Kerslake, Sarah Tooth-Michelet
Conception graphique/Book design by Luc Derycke

Une coproduction/Co-produced by 36gazelles, London
Administratrice délégué/Producer: Jo Hugues

Avec le concours de/ With the support of Arts Council England

Centre national de la danse
1, rue Victor Hugo, 93507 Pantin cedex, T +33 1 41 83 27 27, www.cnd.fr

Directrice de la publication/Editorial director: Claire Rousier
Chargée de l'édition/Executive editor: Mathilde Puech-Bauer
Assistante d'édition/Editor: Florence Fabre

Luc Derycke & Co./Merz
Geldmunt 36, B-9000 Gent, T + 32 9 329 31 22, www.lucderycke.be

Editeur/Publisher: Luc Derycke
Editeur délégué/Associated editor: Marc Pérennès

Dépôt légal : novembre 2004
ISBN : 2-914124-25-2
ISSN : 1631-414X

Imprimé sur les presses de/Printed and bound by Lannoo, Tielt